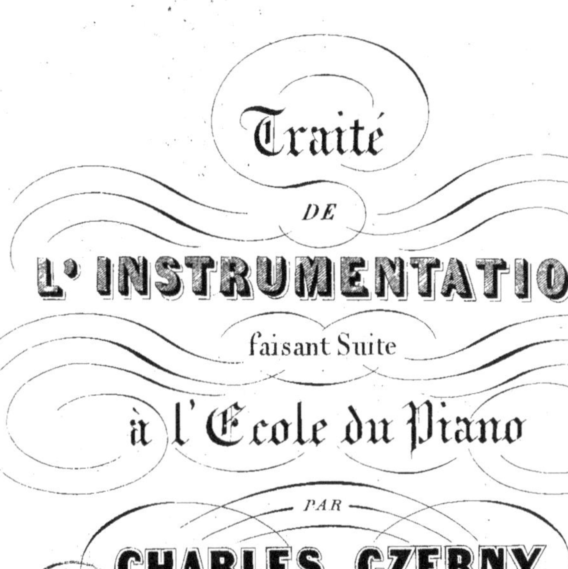

Œuv: 600.   Prix: 45 f.

Nota: Cet Ouvrage traite de l'Orchestration et des effets obtenus, avec ou sans le secours d'un plus ou moins grand nombre d'Instruments, les innovations et améliorations qui ont eu lieu depuis Mozart jusqu'à nos jours, avec des tableaux ou exemples tirés des Grands Maîtres qui se sont immortalisés dans cet art, en rendent l'étude des plus nécessaires pour tous ceux qui se destinent à la Composition.

A.J.

Paris, S. RICHAULT, Editeur, Boulevart Poissonnière, 26, au 1er.

Londres, R. Cocks et Cie.   Propriété des Editeurs.

2874. R.
1848

TRAITÉ
DE L'INSTRUMENTATION.

CHAPITRE Ier

INTRODUCTION: DE LA NATURE ET DES PROPRIÉTÉS DE TOUS LES INSTRUMENTS D'ORCHESTRE.

Une des sciences les plus nécessaires et les plus importantes pour le compositeur, est une connaissance exacte de tous les instrumens pour lesquels il écrit. Il doit connaître leur éten_ due, leurs propriétés, la qualité de leur son, les ressources qu'ils offrent, enfin tout ce qui peut-être exécuté sur chacun d'eux avec facilité et avec un effet satisfaisant. Dans une compo_ sition d'Orchestre, il faut encore savoir comment les diverses masses de son doivent être com_ binées et employées pour produire une harmonie qui soit non seulement claire, mais encore agréable. Il n'est pas un instrument dont on ait épuisé les ressources au point d'avoir décou_ vert et appliqué tous les effets qu'il peut produire. On sait que le Piano et le Violon sont féconds en effets nouveaux dont on n'avait jadis aucune idée; et si chaque instrument produit tant de combinaisons diverses, combien doit en fournir un Orchestre entier.

Mais avant que le compositeur tente de nouveaux effets et de nouvelles combinaisons, il doit connaître ce que les grands maîtres ont déjà fait en ce genre. Presque tous ceux qui ont écrit récemment pour l'Orchestre en ont employé les ressources d'une manière toute particulière et personnelle. Et si nous étudions et comparons les œuvres de *HAYDN, MOZART, CHERUBINI, BEE_ THOVEN, WEBER, MEYERBEER, ROSSINI,* nous trouverons que chacun de ces maîtres ont produit les plus beaux effets par des procédés bien distincts et tout particuliers.

Les différents instruments sont pour le compositeur ce que sont les couleurs pour les Peintres, et il y a une parfaite analogie entre la composition musicale d'une pensée et le coloris d'un tableau. De même que chaque grand peintre a une manière personnelle d'em_ ployer et de marier ses couleurs, ce qui fait reconnaître immédiatement ses tableaux, par l'amateur expérimenté, de même chacun des compositeurs que nous venons de citer, possè_ de aussi une sorte de méthode individuelle dans l'application des différents sons que pré_ sentent les nombreuses ressources de l'Orchestre.

Nous allons indiquer ici et mettre en relief la plus importante de ces qualités person_ nelles des grands maîtres et nous croyons fermement, qu'en agissant ainsi, nous signa_ lerons au jeune compositeur la meilleure méthode d'exciter et de diriger sa propre imagination dans cette partie de l'art musical.

Cependant la connaissance des divers instrumens qui composent un Orchestre est préa_ lablement nécessaire.

A. INSTRUMENTS A CORDES.

1. Le *Violon* a les quatre cordes suivantes  et son étendue orchestrale est de

à Dans les passages énergiques qui l'ont déjà élevé jusqu'à ce point,

il peut monter encore quelques notes plus haut; *Exemple:*

Mais des notes aussi élevées ne doivent pas se trouver en succession rapide, ni se prendre par saut. En effet, comme la partie de Violon est exécutée à l'orchestre par plusieurs artistes en même tems, des passages aussi incertains seraient généralement joués hors de l'intonation juste.

Les doubles notes sont praticables si l'on a eu égard à la position des quatre cordes. Ainsi, l'on peut écrire, des Secondes, des Tierces, des Quartes, des Quintes, des Sixtes, des Septièmes et même des Octaves. Mais de plus petits intervalles que la Quinte, ne doivent être employés que dans les Octaves graves. La Sixte, la Septième, et l'Octave, peuvent cependant se tolérer aussi loin que le *Mi* d'en haut. *Exemple.*

Les accords de trois et quatre notes ne peuvent se faire qu'en arpège et *Forte* sur le Violon. Il faut avoir une certaine connaissance de l'exécution pour ne pas écrire d'autres accords que ceux qui sont praticables sur cet instrument. Les accords composés de notes, distantes l'une de l'autre d'au moins une Quinte, peuvent s'écrire dans tous les tons jusqu'au *Ré*. *Exemple.*

L'accord marqué + contient une Tierce (*Ut* ♯, *Mi*) qui est d'une exécution très facile. Le *Mi* supérieur étant la corde elle-même à vide. Dans le ton de *La* ♭ ou dans le ton de *Sol*. L'accord serait tout-à-fait impossible. Car en arrêtant la corde *Mi* (comme aussi les autres) on produit des sons élevés, et jamais de sons graves.

Quand la note inférieure est une corde à vide (savoir *Sol* ou *Ré*) des octaves peuvent même être ajoutées dans le dessus, comme:

Mais les accords suivants  sont impraticables attendu que la main ne peut les atteindre.

Tous les passages qui ne dépassent pas l'étendue déterminée sont exécutables sur le Violon, excepté la gamme chromatique qui dans une composition d'orchestre doit être évi_tée dans un mouvement rapide.

La gamme diatonique de *Mi* peut se faire avec une grande rapidité dans chaque ton.

Le Violon peut exécuter *STACCATO*, *LEGATO*, *MEZZO STACCATO*, et aussi *PIZZICATO*. Le der_nier, toutefois pas trop vite avec la plus grande perfection et quand sa partie est bien secondée par l'orchestre elle s'élève, comme principale au-dessus de toutes les autres. L'ensemble est aussi toujours conduit et dirigé par le premier Violon.

2. La *VIOLE* ou *ALTO* (*TÉNOR*) est absolument semblable au Violon. Seulement ses cordes sont montées une quinte plus bas, ainsi: Sa partie s'écrit tou_jours en clef d'*ALTO* et son étendue orchestrale est de à Tous les pas_sages de Violon sont également praticables sur l'*ALTO*. (1)

3. Le *VIOLONCELLE*. Ses quatres cordes sont et son étendue dans la musique d'orchestre est de *UT* à *LA*. Quoique le *VIOLONCELLE* joue ordinairement avec la *CONTRE - BASSE*, et forme ainsi la base de l'orchestre, quel_quefois néanmoins on lui donne une mélodie figurée dans la partie moyenne de la gam_me; dans ce cas, la *CONTRE - BASSE* exécute seule la Basse. Comme la partie de Violon_celle est exécutée aussi par plusieurs artistes dans l'orchestre, on doit songer à cette particularité lorsque l'on compose des traits mélodiques pour cet instrument.

Des doubles notes et des accords se peuvent faire sur le Violoncelle, mais ils doivent être employés sobrement, et peut-être seulement dans les passages à grand effet. Les Quintes, Six_tes et Septièmes sont praticables dans tous les tons jusqu'au ton de *Mi*. Par exemple:

Mais quant aux octaves, on se sert seulement dans la musique d'orchestre des trois suivantes: où la note la plus grave est une corde à vide. Les Secondes, Tierces et Quartes ne sont admises que lorsque la note la plus élevée est une corde à vide; parceque la tenue de ces accords, dans les autres tons, est très peu certaine.

(1) Relativement aux accords et aux passages en doubles notes il existe quelque différence entre les deux instruments, occasionnée par la di_versité du timbre. Néanmoins, si les exemples donnés ci-dessus pour le Violon sont transposés une QUINTE plus bas, ils seront alors praticables sur l'Alto.

4

Cependant il arrive rarement que dans une composition orchestrale on se serve de ces petits intervalles.

Des accords de trois et quatre notes (qui commesur le Violon, se jouent en *ARPEGES* du bas jusqu'en haut) doivent être écrits de telle manière que la distance d'une note à l'autre ne soit pas moindre qu'une Quinte juste ou plus grande qu'une Septième. Par exemple:

L'accord marqué + contient certainement une octave, mais comme le *Sol* le plus grave est une corde à vide, il peut se jouer aisément. Le dernier accord en quatre parties, doit être évité dans les autres tons. Quand on est dans l'intention de faire jouer les Violoncelles sans les Contre-Basses on ajoute l'abréviation *CELLI*. Le mot *BASSI* indique alors que les Contre-Basses doivent recommencer à jouer.

4. La *CONTRE-BASSE* (*CONTRA-BASSO*) Son étendue est de *FA* à *LA*. Mais tout ce qui est écrit pour elle, résonne une octave plus bas. Conséquemment, elle forme avec le Violoncelle une Basse en octaves.

Le passage suivant:

résonne donc dans l'exécution, ainsi qu'il suit: (1)

Quand le Violoncelle doit exécuter pour un temps assez long une partie indépendante accompagnée par la Contre-Basse, il est mieux d'employer deux parties; la supérieure appartient au premier instrument.

Comme la Contre-Basse ne descend que jusqu'au *FA* elle prend les trois dernières notes du Violoncelle (quand on juge nécessaire de les employer) dans la même octave, et conséquemment l'effet de l'octave inférieure ne s'y trouve plus. Néanmoins, il y a quelques Contre-Basses qui descendent au *MI.*

---

(1) La Contre-Basse, en Angleterre a trois cordes, accordées par Quartes, ainsi qu'il suit mais comme la notation de cet instrument est une octave plus haute que le son produit, les cordes à vides donnent en réalité les notes suivantes. Quand les notes d'un passage descendent plus bas que l'effet des octaves avec le Violoncelle ne se produit pas plus longtemps; alors, le Fa des première, quatrième, et dernière mesures de l'exemple auquel se r'attache cette observation résonnera, sur la Contre-Basse Anglaise, une octave plus haut.

Il y a, dans un orchestre, plusieurs Contre-Basses, et cet instrument est d'une grande importance, attendu que l'édifice et l'harmonie de toute la composition repose sur lui, parcequ'il donne une noble dignité à tout l'ensemble par la majestueuse profondeur de son caractère. Les passages rapides ne doivent pas être trop souvent employés dans la Contre-Basse, parcequ'alors ils deviennent obscurs particulièrement dans les octaves basses. Les trois plus basses notes 𝄢 sont comparativement presque faibles et la toute puissance de l'instrument se trouve dans l'étendue de *Si* 𝄢 à *Fa* 𝄢 il n'a pas de doubles notes, mais son *Pizzicato* est d'un très bel effet.

Tous les instruments à cordes peuvent être joués *con sordino*. Chaque artiste met une Sourdine de bois (1) sur le chevalet de l'instrument, laquelle étouffe, absorbe le son d'une manière particulière. Ceci n'est que rarement employé, et plutôt dans les Opéras, pour produire quelque effet dramatique particulier. Pour cette application, les artistes doivent avoir quelques moments à leurs disposition comme aussi quand il faut retirer de nouveau la sourdine, ce qui est indiqué par les mots *Senza sordino*. Les instruments à cordes pris collectivement, sont appelés, en composition d'orchestre, le *Quartette*, le *Quatuor*, afin de les distinguer des instruments à vent.

B. INSTRUMENTS A VENT.

1. La *Flûte* (*Flauto*) a une étendue de 𝄞 à 𝄞 elle exécute généralement la plus haute des parties des instruments à vent. Son timbre est doux et moëlleux, quoique suffisamment distinct dans les passages d'harmonie pleine, attendu sa qualité pénétrante particulièrement dans les notes aigues. On écrit, pour la Flûte, des mélodies, de longues notes soutenues, des staccato, trilles, et cadences, et quelquefois des sauts, quand cela convient. La Flûte possède, dans son étendue, tous les demi-tons, et peut en conséquence jouer dans chaque ton. On ne peut donner de doubles notes à la Flûte, (pas plus qu'à aucun autre instrument à vent, c'est un fait évident par lui-même.)

2. Le *Hautbois* (*Oboe*) s'étend de  𝄞 jusqu'à 𝄞 Son timbre est aigu et perçant, ce qui le rend très dominant dans l'exécution d'une mélodie. Il a tous les demi-tons, excepté le dernier Ut dièze 𝄞 et peut jouer dans tous les tons. La clef de Sol lui est consacrée, et, dans la série des instruments à vent, il fait généralement la partie immédiatement placée au-dessous de la Flûte. On pratique sur le Hautbois tous les passages qui peuvent être écrits pour la Flûte.

3. La *Clarinette* (*Clarinetto*) pour l'usage de l'orchestre s'étend de 𝄞 jusqu'à 𝄞 Son timbre est doux et moëlleux, quoiqu'elle possède aussi une puissance considérable. La plus basse octave de Mi à Mi 𝄞 est faible, mais d'un son très agréable, et

---

(1) Les Sourdines, en Angleterre, sont généralement faites en cuivre. Celles faites en France sont en ébène.

produit, en arpèges ce que l'on appelle *NOTES DE CHALUMEAU*.[1] Exemple.

Quoique la partie de Clarinette soit toujours écrite en clef de Sol, on doit toutefois bien observer l'importante distinction qui suit:

Il y a trois sortes de Clarinette, savoir:

1. La Clarinette en La.
2. La Clarinette en Si bémol.
3. La Clarinette en Ut.

La *CLARINETTE EN LA*, rend tout ce qui est écrit pour elle, *UNE TIERCE MINEURE* plus bas. Ainsi, ce qui est écrit en *UT* majeur, elle le joue en *LA* majeur. On en fait usage dans les compositions qui ont deux dièzes et même plus à leur clef. Au commencement de chaque morceau et de la ligne même, se trouve écrit *CLARINETTE EN LA*. Quand l'œuvre est en *RÉ* majeur ou *SI* mineur, la partie de Clarinette s'écrit en *FA* majeur ou *RÉ* mineur. Pour un morceau en *SI* majeur, la Clarinette se met en *RÉ* majeur, et ainsi de suite. Exemple:

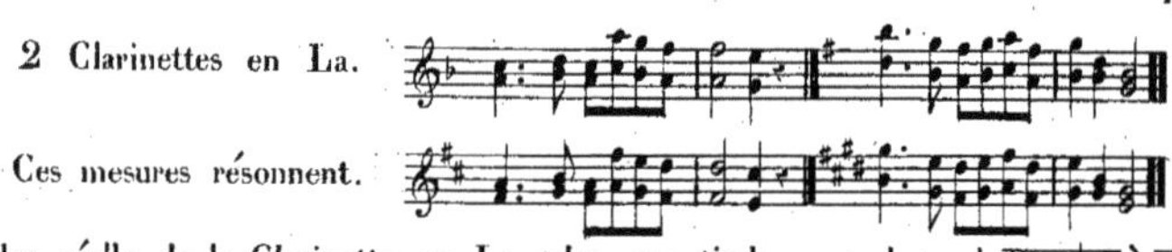

2 Clarinettes en La.

Ces mesures résonnent.

L'étendue réelle de la Clarinette en La selon son timbre est donc, de ♯ à

La *CLARINETTE EN SI BÉMOL*, joue tout ce qui est écrit pour elle, *UNE SECONDE MAJEURE* plus bas; et elle est employée dans les compositions ayant deux ou plusieurs bémols à la clef. Ainsi pour un morceau en *SI BÉMOL* majeur, ou *RÉ* mineur, la partie de Clarinette est écrite en *UT* majeur ou en *LA* mineur. La même observation pour tous les autres tons. Ex:

2 Clarinettes en Si bémol

qui résonnent dans l'exécution ainsi qu'il suit.

L'étendue de la Clarinette en Si bémol conformément à son timbre, est de à

La *CLARINETTE EN UT*, demeure dans le ton réel; et on écrit pour elle dans les tons qui n'ont pas plus d'un dièze ou d'un bémol, de la même manière que pour le Hautbois ou la Flûte. Son étendue a déjà été indiquée plus haut.

Les Clarinettes ont tous les demi-tons et produisent les plus beaux effets en mélodie simple ou en gracieux passages diatoniques. Dans le groupe des instruments à vent, elles se placent ordinairement au-dessous du Hautbois.

---

(1) Les passages pour la partie de l'instrument dite de Chalumeau sont écrits souvent à une octave plus haut, et le mot CHALUMEAU se place au-dessus.

Note du Trad:

4. Le *Basson* (*Fagotto*) Dans la musique des instruments à vent seulement, le Basson forme la basse, et son étendue est de  Les notes supérieures s'écrivent plus convenablement en clef d'*Ut*. Il a tous les demi-tons, excepté  Les notes les plus élevées résonnent comme une douce voix de Ténor. Mais les plus graves sont presque sourdes, et plutôt usitées seulement à l'unisson du Violoncelle, ou comme basse des autres instruments à vent. Des simples mélodies sont les plus convenables au Basson, quand on lui donne un Solo, attendu que cet instrument n'est pas bien disposé pour les passages rapides.

5. Le *Cor* (*Corno*) relativement à son timbre sonore, puissant et pourtant agréable, est un des instruments de musique les plus intéressants. Il possède plusieurs notes qui par suite de l'effet supérieur qu'elles produisent sont appelées *Notes ouvertes* ou *naturelles*. Ce sont:

En outre il a tous les tons et les demi-tons depuis  qui pourtant sont nommées notes *Bouchées* ou *Artificielles*. Dans les temps modernes, le Cor a été tellement amélioré que ses notes artificielles résonnent aussi bien, et aussi fermes que les notes naturelles. Mais dans les compositions orchestrales, on n'emploie généralement que les notes naturelles, les notes artificielles n'étant usitées que dans les passages Solos, et même encore avec discrétion. L'octave moyenne, est celle qui produit le plus d'effet. Les cinq notes supérieures, et les cinq notes graves sont presque douteuses. Le Cor possède aussi à la basse, les cinq notes suivantes, qui cependant ne sont usitées que dans un mouvement piano.

Le Cor s'emploie dans tous les tons ordinaires, sa partie s'écrit toujours en *Ut* majeur, et le ton dans lequel il doit jouer est indiqué au commencement. En *Ut* majeur, le Cor résonne une octave plus bas que la notation ne l'indique, et dans les autres tons, il résonne une Septième, une Sixte, une Quinte, une Quarte, etc: plus bas. Par exemple, si le passage suivant est écrit:

Il résonnera, dans les différents tons, comme nous le montrons ici.

(1) Selon la gamme naturelle du Cor, cette note devrait être écrite sur le SECOND ESPACE, puisque dans l'exécution elle donne seulement une Quinte, (et non pas une douzieme) au-dessous de la note suivante. Il serait grandement à désirer que les compositeurs rectifiassent cette absurdité.

Note du Trad.

Il y a en Si bémol, comme on peut le voir, des Cors hauts et bas. Mais le premier étant trop aigre, le dernier est plutôt usité dans l'orchestre. Le ton pour lequel sont réclamés les Cors, est indiqué au commencement du morceau; par exemple 2 Cors en Ré, 2 Cors en Fa, etc.

Le Cor peut être employé très fort, et aussi très doux. La tonique et la dominante peuvent y retentir aussi vigoureusement que la Trompette.

De lentes et simples mélodies, des notes soutenues ou longues commençant fortement et diminuant graduellement de son, produisent sur le Cor les plus beaux effets. Les passages rapides doivent être évités dans la composition orchestrale. Le Cor n'ayant pas de tons mineurs, on doit s'abstenir avec soin d'introduire la tierce mineure dans sa partie quand l'œuvre est écrite dans dans le mode mineur. Les autres notes naturelles sont généralement suffisantes. On doit de plus observer, que les Cors peuvent changer de ton pendant l'exécution d'un morceau; par exemple, s'il commence en *Ré* majeur, si l'on veut donner aux Cors un passage en *Fa* majeur, il faut intercaler un certain nombre de pauses, afin de donner le temps convenable pour faire le changement et l'on ajoutera le mot *Corni: Muta in F.* Au retour du ton primitif, on prendra la même précaution.

6. La *Petite Flûte*, (*Flauto Piccolo*) s'étend de  jusqu'à et renferme tous les demi-tons. Elle résonne, cependant, une octave plus haut, et par conséquent elle est l'instrument le plus élevé de l'orchestre. Mais comme son timbre est perçant, et même trivial, on l'emploie rarement, dans les compositions orchestrales sévères, telles que la Symphonie. Cependant dans les Opéras, et dans certaines autres compositions, elle produit un très grand effet.

C. AUTRES INSTRUMENTS A VENT.

ET INSTRUMENTS A PERCUSSION.

1. La *Trompette* (*Clarino o Tromba*) a les notes suivantes:

Les Trompettes, de même que les Cors, sont toujours écrites en Ut majeur; le ton dans lequel elles doivent jouer est indiqué au commencement du morceau. Les tons les plus ordinaires sont *Ut* majeur, *Ré* majeur, *Mi* ♭ majeur, *Fa* majeur, et *Si* ♭ majeur. Quand on emploie la Trompette dans d'autres tons, on prend l'un de ceux qui vient d'être indiqués. Ainsi, comme les Trompettes en Ut renferment aussi la tonique et la dominante, de Sol majeur ,elles suffisent pour le ton de Sol majeur ou mineur. De même, dans le ton de La, on emploie la Trompette en Ré. Les sons produits par les Trompettes en Ut correspondent à la notation. Mais, dans les autres tons, ils sont à la distance d'une Seconde, d'une Tierce, ou d'une Quarte. Par. Ex:

le passage qui suit. résonne, dans les autres tons, ainsi qu'il suit.

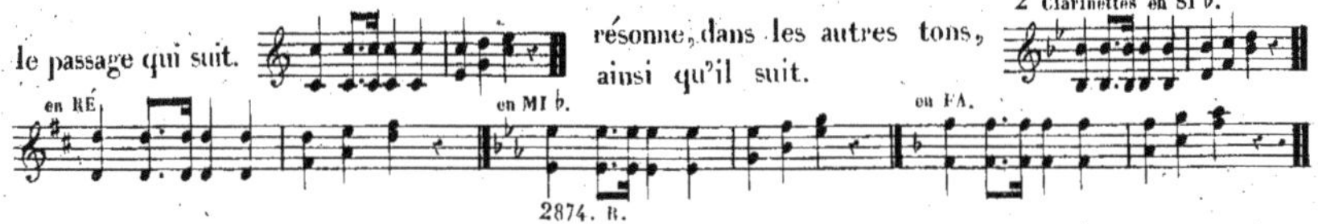

Le son de la Trompette est aigu, et perçant, il sert à renforcer à augmenter et rehausser l'effet dans les passages Forte. Toutefois il peut aussi être employé Piano. Les deux notes les plus élevées [exemple musical] sont tellement aigres, qu'elles sont rarement usitées.

C'est plutôt un avantage qu'un défaut pour la Trompette d'orchestre d'avoir si peu de notes; car s'il était possible de l'employer plus fréquemment, l'important effet de son entrée dans des passages convenables et la décision du ton principal seraient presque perdus. Il faut faire la même observation pour les Cors.

2. L'on a récemment inventé des *TROMPETTES A CLEFS ET A PISTONS* qui peuvent produire tous les demi-tons depuis [exemple musical] jusqu'à [exemple musical] [1] Elles sont très en usage dans la musique mi_litaire et de danse, et dans un temps plus éloigné elles seront peut-être généralement emplo_yées dans les grandes compositions orchestrales.

Sur ces instruments, toutes les mélodies piquantes, aussi bien que des figures traits et pas_sages raisonnablement Staccato, peuvent effectivement être exécutés, car leur timbre, est plus puissant que celui du Hautbois et de la Clarinette, et encore, est il tellement modifié par les Clefs qu'il est en quelque sorte moins grêle et moins perçant que celui de la Trompette or_dinaire. On emploie ces instruments dans tous les tons, mais leur musique est toujours é_crite en Ut. Une *SEULE* de ces Trompettes à clef est usitée dans l'orchestre outre les Trom_pettes ordinaires.

Nous devons généralement observer ici, que les instruments à vent reçoivent sans cesse de grandes améliorations. Le Cor, par exemple, a été tellement perfectionné au moyen des clefs et des pistons, que l'on peut maintenant exécuter sur cet instrument presque tout ce qui est com_patible avec son timbre rond et plein. Le compositeur doit donc, toujours prendre note de ces changements, consulter les artistes expérimentés, et s'entendre avec eux quand il se présente une occasion d'écrire quelque chose d'un caractère nouveau.

3. Le *CORNET A PISTONS* [2] est un instrument d'invention récente, et possède dans son état le plus parfait (avec trois pistons ou coulisses) une étendue de [exemple musical] à [exemple musical] renfermant tous les demi-tons. Les notes extrêmes, néanmoins, ne sont que peu usitées. La partie la plus brillante de l'instrument étant de [exemple musical] à [exemple musical].

La partie du Cornet à pistons peut être écrite dans les tons, de *SI* $\flat$, *LA*, *LA* $\flat$, *SOL*, *SOL* $\flat$, *FA*, *MI*, *MI* $\flat$, *RE*, *RE* $\flat$, qui résonnent respectivement en Seconde majeure, Tierce mineu_re, Tierce majeure, et ainsi de cette façon à une Septième plus bas que la notation. Mais pour un morceau en *UT* même, le Cornet à pistons en *SOL* est généralement usité, et sa partie s'écrit dans le ton de *FA*.

Tous les passages et mélodies simples qui sont praticables sur la Trompette à clefs et à pistons peuvent aussi s'écrire pour cet instrument.

---

(1) Aujourd'hui, on se sert également des Trompettes à coulisses auxquelles s'appliquent néanmoins les remarques précédentes.

(2) Addition du Traducteur.

Note du Trad.

4. Les *TIMBALES* (*TIMPANI*) n'ont que deux notes: savoir, la Tonique et la Dominante que l'on peut employer dans tous les tons.

On peut en conséquence, faire usage de celle des deux notes qui nous convient, dans les limites des deux Fa. La notation est généralement *UT SOL* ou *SOL RÉ*. Le ton dans lequel doivent être accordées les Timbales étant indiqué au commencement du morceau. On les frappe, toutes deux, *FORTE* et *PIANO* et l'on y exécute de simples traits de toutes sor_ tes de rhythme, aussi bien que le roulement ou trille brisé. Ce dernier est indiqué de la manière suivante.

En exécutant avec les Trompettes, les Timbales produisent beaucoup d'effets qui leur sont propres comme par Exemple.

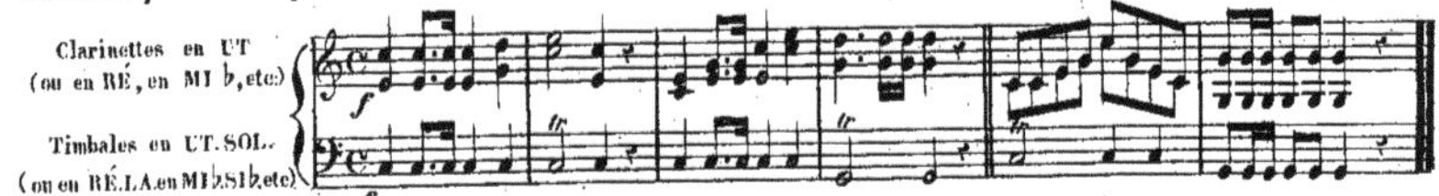

5. Les *TROMBONES*. (*TROMBONI*) Il y a 3 Trombones qui tous les trois sont généralement usi_ tés dans les grandes compositions orchestrales.

(A) Le *TROMBONE ALTO* dont l'étendue est de

(B) Le *TROMBONE TÉNOR* dont l'étendue est de

(C) Le *TROMBONE BASSE* dont l'étendue est de

Les Trombones ont tous les demi-tons, et peuvent par conséquent jouer dans tous les tons qui sont indiqués au commencement de la manière ordinaire.

L'effet des Trombones est grand solennel et imposant. Ils sont très avantageusement employés dans les très grands orchestres et les compositions de haute portée, en trois sections, pour renforcer l'harmonie. Dans ce cas, le Trombone Basse marche à l'unisson de la Contre-Basse. Quoiqu'ils soient capables d'exécuter quelques passages rapides, les tons sou_ _tenus sont encore ce qui leur convient le mieux.

Bien que l'on se serve d'une clef différente pour chaque Trombone, le 2me ou Ténor, peut aussi être écrit à la clef de Basse. De même, pour ménager l'espace, on peut écrire les trois Trombones sur une seule portée, la clef de Basse alors servira pour tous; ou, dans les positions é_ levées, la clef de Ténor. Ex:

Dans le Trombone Alto et Ténor, on évite les trois ou quatre plus basses notes.

6. Le *Cor Anglais* s'étend de 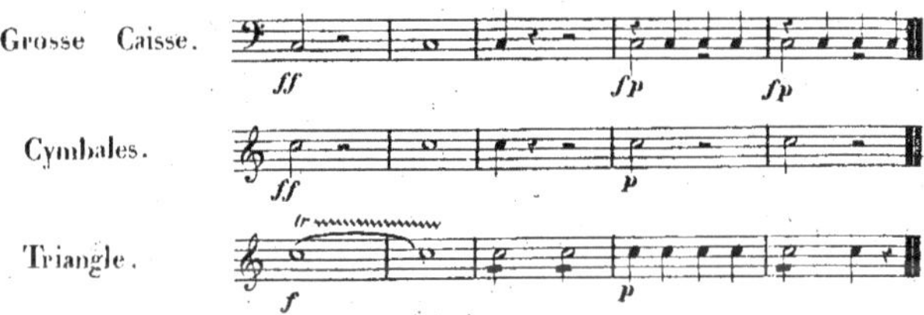 à et possède tous les demi-tons excepté le *Fa ♯* grave On l'emploie très rarement, et en général, il ne sert que dans certaines compositions d'Église. Il a un timbre doux, triste et mélancolique; il est ordinairement joué par les Hautboïstes. Sa musique s'écrit une quinte juste plus haut que le son réel. Par Exemple, en *Sol*, quand, il doit jouer en *Ut* ou en *La* mineur, lorsque la composition est en *Ré* mineur.

7. Dans les grands orchestres, on emploie encore les instruments suivants:

(A) La *Grosse Caisse* (*Gran Cassa*)

(B) Les *Cymbales* (*Piatti*)

(C) Le *Triangle* (*Triangolo*)

Ce sont purement des instruments d'effet qui n'ont pas de timbre déterminé et qui par conséquent ne conviennent à aucun ton. On les écrit de la manière ci-après:

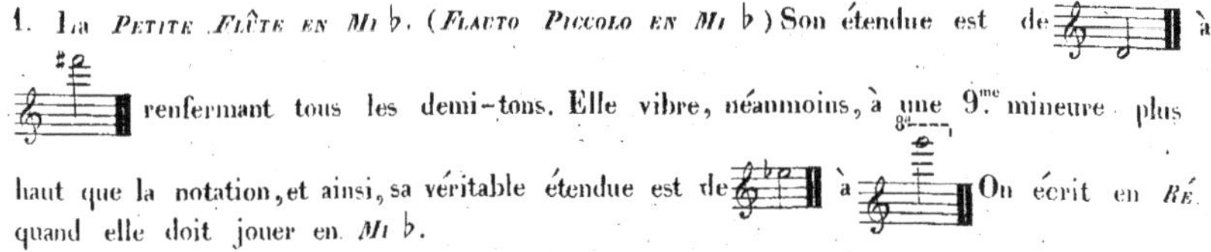

Dans les Opéras ils produisent un grand effet, lorsqu'ils sont employés à propos. Par Exemple, dans *l'Enlèvement du sérail* de Mozart (*Il seraglio*) et plusieurs autres Opéras modernes Italiens et Français. En musique purement instrumentale, ils devraient être seulement employés dans les occasions vraiment spéciales et conformément à la règle comme l'a fait Haydn dans sa symphonie militaire, ou Beethoven dans le Finale, de la 9.ᵐᵉ symphonie en *Ré* mineur.

Enfin, les trois instruments qui vont suivre, appartiennent exclusivement à la musique militaire, aussi bien que quelques autres dont nous parlerons lorsqu'il en sera temps.

1. La *Petite Flûte en Mi ♭* (*Flauto Piccolo en Mi ♭*) Son étendue est de à renfermant tous les demi-tons. Elle vibre, néanmoins, à une 9.ᵐᵉ mineure plus haut que la notation, et ainsi, sa véritable étendue est de à On écrit en *Ré* quand elle doit jouer en *Mi ♭*.

2. La *PETITE FLÛTE EN FA* (*FLAUTO PICCOLO EN FA*) a la même étendue que la précédente, mais elle joue un ton entier plus haut. En conséquence, elle s'étend de à et on écrit sa partie en *RÉ*, quand elle doit jouer en *FA*.

3. La *FLÛTE OCTAVE* déjà décrite Page 8.

4. La *PETITE CLARINETTE EN FA*, est une Quarte juste plus haute que la Clarinette ordinaire en *UT*. Son étendue est de à elle joue ainsi On écrit en *UT* quand elle doit jouer en *FA*.

5. La *PETITE CLARINETTE EN MI* ♭, qui est une Tierce mineure plus haute que celle en *UT*. Son étendue est de à qui résonne ainsi On écrit en *UT* quand elle doit jouer en *MI* ♭. Dans tous ces petits instruments, les notes les plus basses sont les plus faibles.

6. Le *SERPENT*. Son étendue est de à Il suit les mêmes regles que le Basson.

7. Le *DOUBLE BASSON*. (*CONTRA FAGOTTO*) Cet instrument se traite exactement comme la Contre Basse. Il a la même étendue et résonne, comme elle, une octave plus bas que la notation.

8. L' *OPHICLEÏDE*. L'invention moderne de cet instrument a comblé un vide. Car autrefois la musique composée pour des instruments à vent, manquait toujours de force, à la Basse. Les Bassons étant trop faibles et les Trombones trop durs. L'Ophicleïde possède tous les demi-tons dans son étendue naturelle de à Elle rend des sons forts et produit dans les passages *FORTE* ou cela est à propos, les notes lentes qui sont la base de l'harmonie; on peut l'employer, par cette raison, dans le grand Opéra et dans l'Oratorio.

9. Nous avons encore à mentionner, dans la musique militaire, le *TAMBOUR* ordinaire et le *CHAPEAU CHINOIS* tous deux écrit comme il suit:

La musique militaire n'a pas d'instruments à cordes ni Timbales, (1) mais l'har_
monie est complétée par un nombre quatre fois plus grand de Hautbois, Clarinet_
tes, Bassons, etc: etc:

CHAPITRE II.

ÉNUMÉRATION DES INSTRUMENTS

QUI COMPOSENT UN ORCHESTRE.

Un Orchestre ordinaire mais complet, se compose des instruments suivants.

De 6 à 10 1.ers Violons.

De 6 à 10 2.mes Violons.

De 4 à 6 Altos.

De 4 à 6 Violoncelles.

De 3 à 4 Contre Basses.

2 Flûtes.

2 Hautbois.

2 Clarinettes.

2 Bassons.

2 Cors.(Quelquefois même 3 ou 4)

2 Trompettes.

Timbales.

A ces instruments s'ajoutent un, deux, ou trois Trombones, aussi bien qu'une Flû_
te Octave dans les grandes et brillantes compositions.

L'ordre dans lequel sont placés les instruments, l'un au-dessus de l'autre,
dans la partition est variable, et dépend de ce que le compositeur a déterminé
d'abord et qu'il a jugé plus commode pour exercer sur l'ensemble une surveil_
lance rapide.

Voici des exemples des trois manières les plus usitées.

---

(1) Autrefois dans la musique militaire de la Garde Impériale à cheval il y avait des Timbales, car le timbalier Lemoine fût
tué en entrant dans Madrid lorsque Napoleon y fit son entrée.

2874. B.   Note du Trad.

N.º 1. **FLÛTE ENCHANTÉE.**

MOZART.

2874. R.

N.º 2.

FIDELIO.

BEETHOVEN.

2874. R.

N.º 3. MÉDÉE.

CHERUBINI.

2874. R.

Dans le 1.er Exemple, les Violons et l'Alto sont placés en tête, le Violoncelle et la Contre Basse occupent les dernières portées. Les instruments à vent sont immédiatement sous les instruments à cordes les plus élevés, et au-dessous de ceux-ci encore viennent les instruments de cuivre et les Timbales.

Dans le 2.e Exemple, les instruments à vent sont placés en tête. Après eux, sont les instruments de cuivre et les Timbales, et les instruments à cordes entièrement réunis, occupent les dernières portées.

Dans le 3.e Exemple, les Timbales et les instruments de cuivre occupent les portées supérieures de sorte que les instruments à vent se trouvent dans le milieu, et que le Quatuor des instruments à cordes est sur les portées inférieures. Quand des parties vocales sont ajoutées à une semblable partition, elles se tiennent toujours conjointes au-dessus du Violoncelle. D'après les trois Exemples ci-dessus, l'élève peut donc déduire les règles suivantes.

1.º Les Violoncelles et Contre Basses sont toujours placés au bas de la partition parceque c'est sur eux que repose l'édifice harmonique.

2.º Au lieu de 2 Cors, on en emploie quelquefois quatre, dont deux sont dans un autre ton. Les Trompettes peuvent cependant être employées aussi; quoique dans le 3.e Exemple, elles aient été omises avec intention par le compositeur.

3.º Pour une composition en *Mi* majeur, on se sert des Trompettes en *Ut*, parcequ'elles peuvent au moins donner la Tonique *Mi*.

4.º Dans les sauts vifs, rapides, et successifs on préfère laisser reposer les Trombones, attendu qu'ils ne sont pas propres à ce genre de musique.

5.º Dans le ton de *Fa*. Par Exemple, les Timbales prennent le *Fa* supérieur, au lieu du *Fa* inférieur. Savoir ♪ au lieu de ♪ Ce dernier, néamoins, est plus important et aussi plus usité.

6.º Dans les phrases à grand effet, les deux Bassons procèdent tout à fait à l'unisson avec les Contre Basses, et au moyen du terme *Col Basso*, on s'épargne la peine de recopier la partie aussi longtemps que cet unisson continue.

Lorsqu'en agissant d'après le conseil réitéré que nous avons donné, l'élève met en partition des parties détachées d'orchestre, comme moyen d'exercice, nous lui recommandons dans tous les cas d'adopter l'ordre du 1.er Exemple, par *Mozart*.

CHAPITRE III.

DE LA MANIÈRE PARTICULIÈRE D'EMPLOYER

LES INSTRUMENTS D'ORCHESTRE.

Un orchestre complet se divise en deux parties ou masses; la 1re comprend les instru_ments à cordes, que l'on appelle, par abréviation le *Quatuor*. La 2e comprend les instru_ments à vent que l'on nomme ordinairement l'*Harmonie*. (1) Les instruments de cuivre et à percussion ne forme qu'un supplément pour augmenter l'effet musical.

Les nombreuses combinaisons de tous ces instruments, peuvent être ramenées aux quatre principales catégories suivantes:

A. Les instruments à cordes seuls.

B. Les instruments à vent seuls.

C. Les deux masses réunies.

D. Enfin, chaque masse, spécialement seule, tandis que quelques instruments, plus ou moins nombreux de l'autre masse, l'accompagnent.

Quoique les instruments à vent, par la variété et la douceur de leur timbre, surpassent de loin le Quatuor; les instruments à cordes, forment néanmoins, la base fondamentale et la masse principale de toute composition orchestrale bien conçue, excepté dans ces morceaux par_ticuliers où, le contraire a lieu avec intention de l'artiste et par des raisons spéciales. Une composition vaste et bien remplie, comme une Symphonie ou une Ouverture, serait donc d'après cela très défectueuse, si quelques unes des pensées qui doivent prédominer ou du moins quelques passages n'étaient pas écrits en partie pour le Quatuor tout à fait seul et en partie de telle manière que dans leur exécution, sous les deux rapports de l'harmonie et de la mélodie, les instruments à vent ajoutés puissent se dispenser tout à fait de pren_dre part à l'exécution.

Cette règle fondamentale est basée sur les considérations suivantes:

1.º Le 1er Violon, dirige à la fois tout l'orchestre, et ne doit presque jamais être considéré comme instrument subordonné et d'accompagnement, ni rester entièrement silencieux.

2.º L'emploi continuel des instruments à vent occasionne une fatiguante monotonie.

3.º Un bien plus haut degré de *Piano*, est possible pour le Quatuor, plutôt que pour les instruments à vent.

4.º Par une combinaison incessante des deux masses, on court le danger de produire la sa_tiété et le manque de clarté.

5 Tous les passages vifs et brillants ne peuvent en général convenir qu'aux seuls instru_ments à cordes. Voyez l'exemple suivant:

---

(1) Il en est ainsi en Allemagne, mais en Angleterre, la dénomination spéciale des instrumens à vent, excepté ceux de cuivre, est celle de COMPAGNIE DE BOIS (WOOD BAND.) Note du Trad.

SYMPHONIE en SOL MINEUR.

MOZART.

14
p
p
p
f
f
f
f
f
2874.R.

20 21
28
2874. R.

Le thème doux et pathétique, est ici comme on peut le voir d'abord exécuté par le Qua_ tuor seul. Puis dans la **14.**e mesure, l'intérêt est de plus en plus augmenté par l'entrée des trois instruments à vent et d'une contre-mélodie, dont l'effet n'aurait pas été à beaucoup près aussi grand, si quelqu'instrument à vent avait pris part au thème. Les accords qui suivent don_ nés par toute la masse des instruments à vent sont suffisamment forts pour n'être pas cou_ verts par l'unisson du Quatuor. La cadence exécutée par les Bassons (à la 20.e et 21.e mesure) et qui ramène le thème est très belle. L'harmonie soutenue des Hautbois et des Bassons durant la répétition du motif principal est uniquement employée pour augmenter l'effet jus_ qu'à l'explosion d'un puissant *TUTTI* qui entre à la 28.e mesure. Les règles et remarques suivantes peuvent se déduire de cet exemple.

1.º L'accompagnement de la Viole (Alto) est à deux parties et les artistes doivent se les partager de telle manière en jouant cet accompagnement, que l'un deux exécute la partie su_ périeure et l'autre la partie inférieure. Quand on désire diviser la partie d'Alto de cette manière, on écrit les queues des doubles notes en haut et en bas, comme dans l'exemple. Les Violoncelles peuvent pareillement se diviser en deux parties différentes; et, dans les com_ positions modernes, les premiers et seconds Violons même sont ainsi partagés (et pour l'indiquer, on emploie le mot *DIVISI*) quoique le dernier cas se rencontre rarement, et dans le but d'obtenir quelqu'effet particulier. Une harmonie à huit ou neuf parties peut donc être produite uniquement par le Quatuor seul.

2.º Les deux Cors se placent sur différents tons pour obtenir un plus grand nombre de notes *NATURELLES*.

3.º La Symphonie dont nous avons donné le commencement est une des plus grandes et des plus belles de Mozart, et encore n'est elle écrite que pour un petit orchestre; car elle manque de Clarinettes et d'une seconde Flûte, aussi bien que de Trompettes et de Timbales. On doit en conclure que tous les moyens dont on peut disposer et les effets bruyans ne sont pas nécessaires pour produire ce qui est grand et beau. Une pareille œuvre est bien plutôt le fruit des pensées et de leur élaboration.

4.º Il y a donc de petits et de grands orchestres, et le compositeur doit se souvenir, en outre, que tous les exécutants ne sont pas toujours des virtuoses, et que c'est par conséquent pour lui un double avantage, de produire de beaux effets sans introduire de grandes difficultés.

Plus l'orchestre est grand, plus le compositeur doit avoir soin d'y conserver la clarté. L'élève aura remarqué que même dans la combinaison de trois ou quatre instruments(com_ me dans le trio de Piano forte) une harmonie confuse arrive bientôt, si les parties n'en sont pas convenablement disposées. Cela a lieu, particulièrement, quand les instruments à vent, se croisent trop l'un l'autre, et agissent dans une étroite position de l'harmonie. Combien plus encore ce danger devient imminent lorsqu'on met en mouvement des masses telles que le grand orchestre !!! C'est pourquoi aucune composition ne produira jamais un bon effet, si elle contient trop de détails et de parties différentes, un accompagnement surchargé, de trop rapides changements d'accords, et enfin une harmonie dont les parties inférieu_ res couvrent les idées mélodiques. Dans les grandes salles de concert, de telles fautes ne produisent qu'un bruit confus; rien n'est donc plus important que de procéder dans la conception et l'élaboration de nos idées, sur une échelle aussi large que possible; comme aus_ si de rester simple et clair dans la réunion de toutes les puissances de l'orchestre.

On est certain d'obtenir de bons effets en observant les règles suivantes:

1. Progressions larges et regulières.

2. Passages vigoureux à l'unisson.

3. Une mélodie noble et bien conçue, qui n'exige point d'ornements pour la rendre intéressante.

4. Une grande et quelquefois mélodieuse progression de la Basse, de sorte qu'elle ne soit pas toujours un simple accompagnement.

5. L'emploi alternatif et aussi réuni des deux grandes masses, pourvu qu'il ne dure pas trop longtemps, et ne dégénère pas en un pur vacarme.

6. De petits, mais non pas trop brillants ni prétentieux, passages Solos pour les seuls instru_ments à vent, avec un accompagnement qui ajoute à l'intérêt.

7. Apporter un grand soin dans l'emploi des notes de passage, dans l'accompagnement des parties intérieures, de même qu'éviter l'âpreté dans l'harmonie.

8. Une disposition exacte et bien proportionnée des parties intérieures, aussi bien dans l'har_monie large que dans l'harmonie serrée.

9. On obtient plutôt la plénitude, la puissance d'effets en doublant les parties du Quatuor que par une addition hétérogène de parties intérieures aux octaves supérieures.

10. Éviter une trop rapide succession de plusieurs harmonies contraintes et dissonnantes.

11. Employer à propos la réunion ou la succession du *Staccato* et du *Legato*, particulièrement dans le Quatuor.

12. L'usage modéré du *Pizzicato*, conjointement avec les instruments à vent.

13. Introduire bien à propos des instruments de cuivre et des Timbales.

14. Éviter des mouvemens et mesures trop difficiles, et qui rendent l'entrée exacte des instruments incertaine.

15. Dans les passages rapides assignés au Violon, un accompagnement clair et bien déterminé qui ne cause aucune obscurité, aucun désordre. etc: etc:

Les combinaisons du Quatuor avec un ou plusieurs instruments à vent sont très nombreu_ses, et chacune d'elles produit un effet différent.

1. Lorsqu'un instrument à vent est ajouté à quelqu'une des parties du Quatuor (plus fré_quemment au premier Violon) et lorsque cette partie double soit à l'unisson, soit à l'octave supérieure ou inférieure.

2. Quand cet instrument à vent est employé sans connexion avec le Quatuor, il exécute u_ne partie séparée ou de longues notes soutenues, ou même de rapides passages.

3. Enfin, quand un Solo réel est assigné à l'instrument à vent, c'est le Quatuor qui exé_cute l'accompagnement.

Ainsi, par exemple, le 1.er Basson peut doubler la Basse soit à l'unisson, soit à une octave plus haut. Il peut marcher avec une des parties intérieures, ou ce qui est mieux, doubler le 1.er Violon à l'octave au-dessous. Enfin il peut aussi exécuter des notes seulement en harmonie avec le Quatuor, ou bien un Solo véritable.

La même chose est admissible pour la 1.re Clarinette et le Hautbois; seulement ceux-ci ne marchent jamais avec la Basse, mais agissent probablement à l'unisson avec les parties intermé_diaires et supérieures du Quatuor. Dans les mélodies douces et gracieuses, on évitera de met_tre le Hautbois si aigu en unisson avec le 1.er Violon, cela est préférable à l'octave supé_rieure.

La Flûte est bien propre à marcher avec le 1.er Violon, soit à l'unisson, soit à l'octave au dessus, car elle modifie agréablement le son des Violons. Tous ces instruments peuvent néanmoins exécuter de petits Solos.

Le Cor ne peut exactement se maintenir avec le Quatuor dans les phrases actives, mais il exécute des notes soutenues dans les parties intermédiaires, ou de petits Solos, afin de rehausser l'effet général. Ajoutons que le Quatuor ne s'emploie pas toujours tout entier. Par exemple, il y a des cas où les Violons exécutent avec la Flûte ou la Clarinette un passage à trois parties, ou les Violoncelles séparément avec un seul Cor. etc: etc:

Il est encore des combinaisons plus nombreuses, par exemple, lorsque deux ou plusieurs instruments à vent sont ajoutés au Quatuor, comme Basson et Flûte, Clarinette et Cor, Flûte et Hautbois, etc: etc:

Cependant lorsque plusieurs instruments à vent sont employés ensemble, il faut bien observer la règle générale (déjà donnée dans le Traité de musique vocale) qu'ils doivent former une harmonie correcte entr'eux, et indépendemmant de la Basse et du Quatuor. Le passage suivant serait mauvais.

Il ne serait pas meilleur quand même les Violons iraient à l'unisson avec les Hautbois. Car, comme les derniers ont un timbre tout différent des basses du Quatuor, le mauvais effet des Quartes serait encore plus sensible, et ne pourrait être corrigé qu'en mettant un Basson en unisson avec la Basse.

Mais quand les instruments à vent reçoivent une harmonie, qui peut même parfois subsister seule, on peut donner à la basse du Quatuor une marche entièrement différente, sans être obligé de doubler celle-ci par aucun autre instrument. Exemple:

Comme la Contre-Basse résonne une octave plus bas que le Violoncelle, la Basse est ici suffisamment pleine. Une mélodie, consistant en petites phrases détachées, peut se distribuer entre plusieurs instruments à vent particuliers, pour être exécutée par eux l'un après l'autre. Mais ceci doit avoir lieu de manière à ne pas rendre l'exécution trop difficile et incertaine. Outre cela, quelques thêmes peuvent aussi être exécutés alternativement tantôt par le Quatuor seul, tantôt par les instruments à vent, ce qui forme une sorte de dialogue entre les deux masses. En voici quelques exemples:

N.º 1.

Allegro

HAYDN.

2874. R.

p
p
2874. R.

SYMPHONIE en RÉ

N.° 2.
Larghetto

BEETHOVEN

SYMPHONIE HÉROIQUE.

SYMPHONIE en SOL MINEUR.

MOZART.

Dans le 1.er *EXEMPLE* on voit comment se réunit un Basson au 1.er Violon dans l'exécution de ce gracieux thème à l'octave audessous. D'ailleurs, il faut aussi observer que cet exemple est tiré du milieu du morceau; car, au commencement le même thème s'exécute sans aucun instrument à vent.

Ensuite, le double du thème est pris par la Flûte au lieu du Basson, à l'octave supérieure. La seconde partie est jouée par le quatuor seul; après quoi, le thème est répété à la fois par la Flûte et par le Basson, réunis au premier Violon et par conséquent dans 3 octaves. De tels doublements produisent l'heureux effet des variations, sans aucune altération du thème.

Nous ajouterons une observation à ce que nous venons de dire c'est que la Viole (Alto) est quelquefois écrite plus haut que le second Violon. Cela est toujours permis lorsqu'on veut que le 2.^d Violon prenne la partie intermédiaire la plus importante attendu que cette partie a un nombre égal d'exécutants avec les premiers Violons, et parce que le son de la Viole vibre un peu moins plein. Nous voyons aussi que partout où l'auteur veut que le quatuor soit seulement en 3 parties, l'une des parties intermédiaires est silencieuse, ou autrement la Viole marche avec le Violoncelle.

Dans le 2.e *EXEMPLE*, le thème mélodieux est d'abord joué par le quatuor sans la Contre-Basse. L'entrée de cette dernière à la 7.e mesure, produit un très bel effet. Après cela, les Clarinettes et Bassons au timbre doux reprennent le même motif, pendant que les Violons, par un trait plus rapide, forment une espèce de variation. Les Violoncelles et Contre-Basses prennent la Basse, et les Cors soutiennent efficacement la Dominante de l'harmonie tandis qu'à la fin, au moyen de ce passage des Cors bien connu, ［notation musicale］ ils contribuent très heureusement à la cadence; aussi dans ce but ont ils été écrits en *MI* par l'auteur, quoique l'œuvre soit composée en *LA*.

De cette manière, la 2.e partie est également jouée deux fois; à celle-ci succède une nouvelle mélodie que les instruments à vent et à cordes répètent et se renvoient l'un à l'autre et dans laquelle, à une dernière période, à la modulation en *LA* mineur, le Hautbois introduit une contre-mélodie fort attachante. La phrase brillante qui lui succède est doucement répétée par plusieurs instruments à vent, et préparée ainsi à la modulation de la Dominante, au milieu du motif.

L'*EXEMPLE* N.º 3. montre une mélodie qui est distribuée alternativement entre quatre différents instruments, et forme une sorte de conversation, de dialogue, pendant que les Basses arrivent énergiquement au milieu d'eux, et qu'un accompagnement doux est exécuté par les parties intermédiaires du quatuor.

Dans l'*EXEMPLE* N.º 4. nous trouvons les instruments à vent employés imitativement comme une réponse au quatuor. Ici, en particulier, l'entrée des Cors de la 2.e partie produit un bel effet; et à une période plus éloignée, la répétition d'une partie du thème par les instruments à vent conduit d'une manière non moins *ARTISTIQUE* qu'harmonieuse à la charmante et gracieuse conclusion.

CHAPITRE IV.

DES COMBINAISONS INUSITÉES.

DES DIFFÉRENTS INSTRUMENTS.

Nous avons jusqu'ici parlé des combinaisons ordinaires qui sont employées dans les compositions orchestrales. Mais dans les ouvrages où le compositeur peut dépendre d'un grand et nombreux orchestre (à l'Opera par exemple) il peut aussi, accidentellement, se permettre même l'emploi inusité ou la combinaison extraordinaire de certains instruments, pour obtenir des effets particuliers. Ainsi, par exemple, les Violoncelles peuvent non seulement se partager en deux, mais encore en trois parties, de manière à former avec les Contre-Basses une quatrième partie d'harmonie.

Pareillement, trois ou quatre Cors peuvent se combiner, soit seuls, soit en conjonction avec les Bassons et autres instruments; ils peuvent jouer diverses phrases mélodiques harmonisées. De plus, comme les deux Violons peuvent chacun se diviser en deux parties, on peut, par ce moyen conjointement avec l'Alto (également séparé) produire une harmonie à six parties dans les régions supérieures. Les trois Trombones peuvent de même être employés seuls, ou avec les autres instruments bruyants, pour produire des effets particuliers.

Une seule note puissante, note soutenue par la Trompette ou le Cor *solo*, est quelquefois d'un très grand effet. Les Tambours même, peuvent recevoir un solo, soit en battements mesurés, soit en roulement *PIANO* ou *FORTE*.

L'emploi de moyens semblables, ou la création de nouveaux effets dépend du caprice et du talent du compositeur, qui doit uniquement observer que les combinaisons inusitées ne doivent être introduites que rarement et avec réserve, et enfin que les pensées qui leur ont donné naissance ne méritent qu'on recoure à de tels moyens qu'autant qu'elles sont tout-à-fait belles et originales. Car, autrement, les auditeurs regretteraient de voir employer de pareils moyens pour exprimer des pensées vulgaires, médiocres et triviales.

Voici quelques Exemples: —

N°.5.
Andante con moto
BEETHOVEN
2 Cors.
en si b basse.
2 Flûtes.
2 Hautbois.
2 Clarinettes.
en si b.
2 Bassons.
1er Violon.
2e Violon.
Alto.
Violoncelles
Basses.
pizz
p
cres
cres
cres
cres
cres
cres

Adagio
Les autres instruments se taisent.
Mehul.
1re Violoncelle.
2e et 3e Violoncelle
Contrebasse.
dol:
mf
p
2 Flûtes.
2 Hautbois.
2 Clarinettes en Ut.
2 Bassons.
2 Cors.
en Fa.
2 Cors en La♭
2 Trompettes
en Fa.
1er Violon.
2e Violon.
Alto:
Violoncelle
et Basse.
2e solo.
pp
fp
ff
2874. R.

N.º 3.

SYMPHONIE HEROIQUE.

BEETHOVEN.

N°. 4.
MARCHE HONGROISE.
BEETHOVEN.
Maestoso. Les autres instruments se taisent.
2 Cors.
en SOL.
p
2 Bassons.
p
Timballes.
en SOL et RÉ.
p
cres.
cres.
cres.
N°. 5.
CONCERTO POUR LE VIOLON.
BEETHOVEN.
Allegro non troppo.
2 Hautbois.
dolce.
2 Clarinettes.
en LA.
p
2 Bassons.
p
Timballes.
en RÉ et LA.
solo
p
1er. Violon.
2e. Violon.
Alto.
Violoncelle
et Basse.
2874. n.

2874. R.

N.º 6. Largo assai.
ANACREON.
CHERUBINI.
2 Flûtes.
2 Hautbois.
2 Clarinettes en LA.
2 Bassons
2 Cors. en RÉ.
2 Trompettes. en RÉ.
Timballes en RÉ et LA.
1.er Violon.
2.e Violon.
Alto.
Violoncelle et Basse.
Col Basso
ff
f
8.
1.º solo.
dol.
1.º solo.
dol.
soli
dol.
8

1° solo.
dol.
p
dol.
dol.
ff
ff
ff
ff
ff
ff
ff
ff
ff
ff
ff
p
vll°.
2874. R.
P dol.
ff Bassi.

N.º 7.

FANISKA.

Allegro molto.
2 Flûtes.
2 Hautbois.
2 Clarinettes. en UT.
2 Bassons
2 Cors. en FA.
1.er Violon.
2.e Violon.
Alto.
Violoncelle et Basse.
p
pp

p
pp
pp
pp
VIIIº
2874. R.

48
cres.
cres.
cres.
cres.
cres.
cres.
Tutti
più f
più f
più f
à 2.
più f
più f
più f
più f
ff
ff
ff
ff
ff
ff
ff
ff
2874. R.

Dans le 1.er *EXEMPLE*, les Violoncelles divisés exécutent ensemble avec les parties intermédiaires du quatuor un accompagnement ondulé, pendant que la mélodie est exécutée par le premier Violon, et la Contre-Basse *PIZZICATO*, avec les notes soutenues par les Cors, donne la basse. Ensuite les Violoncelles s'unissent à l'exécution d'une phrase animée et les instruments à vent reprennent le thême.

Dans le 2.e *EXEMPLE*, les trois Violoncelles *SOLI* exécutent une mélodie ondulée et les autres Violoncelles jouent la basse avec les Contre-Basses. Plus loin, l'orchestre tout entier se fait entendre et les deux puissants retentissements de la Trompette produisent un effet des plus remarquables.

Dans le 3.e *EXEMPLE*, les trois Cors sont employés seuls; les autres instruments, entrent seulement *PIANO*, à la cadence. On voit ici, que, dans la composition de la mélodie, la nature de l'instrument pour lequel elle est réservée est toujours prise en considération.

Le N.º 4. offre une combinaison très brillante des Cors et des Bassons, pendant que les Tambours marquent la basse.

Le N.º 5. commence par un *SOLO* de Tambour, qui introduit le thême. Puis les instruments à vent d'abord, et enfin les instruments à cordes exécutent la mélodie.

On peut aussi assigner quelquefois à plusieurs instruments à vent ou à cordes, une sorte de *CONVERSATION*. Mais les idées, non moins que le passage où ils se rencontrent, doivent être mis dans un ordre tel que le tout ne puissent devenir faible, ni ennuyeux. Une semblable *CONVERSATION* entre différents instruments, peut à la vérité avoir lieu dans un degré de mouvement modérément vite; et alors elle exige, bien souvent une grande attention des exécutants pour n'être pas exagérée; car autrement ils pourraient aisément s'égarer dans l'exécution de l'œuvre. Des deux derniers exemples, N.ºs 6. et 7, le premier, après les puissants accords qui forment l'introduction, contient une conversation concertante dans un mouvement lent dont la simplicité est extrêmement touchante et exige la plus grande aisance dans l'exécution.

Dans le 7.e *EXEMPLE*, le passage concertant entre les instruments à vent et à cordes, est folâtre et d'un très bon effet; mais le rapide mouvement *ALLA BREVE* en rend quelquefois l'exécution incertaine. Ensuite vient un *CRESCENDO*, dans lequel, outre la puissance de son, le nombre des artistes est aussi constamment augmenté, d'une manière bien entendue jusqu'au *FORTISSIMO*.

CHAPITRE V.

DE L'EMPLOI DE TOUS LES INSTRUMENTS À VENT COMME MASSE SÉPARÉE, ET DE LEUR UNION AVEC LE QUATUOR DANS LES PASSAGES *TUTTI*.

L'ensemble des instruments à vent forme en totalité une harmonie très étendue et très pleine comme on peut le voir d'après l'accord suivant:

Un pareil ensemble peut naturellement jouer, indépendamment même du quatuor, tous les passages et périodes, accords variés successivement plaqués ou soutenus, modulations, etc, attendu que la majeure partie des instruments à vent a tous les tons à sa disposition. Le *Pianissimo* ne peut aisément y être exprimé. Il n'en est pas cependant de même des *Piano, Crescendo, Diminuendo, Forte* et *Fortissimo*. Dans les grands passages, on doit avoir soin que la partie supérieure soit suffisamment énergique pour rendre la mélodie claire et intelligible. Les Trompettes sont les moins capables de modérer leur puissance de vibration, de son, quoique on puisse jusqu'à un certain point exécuter *Piano*; et, avec les Tambours, elles produisent un très grand effet.

Les deux masses peuvent aussi exécuter alternativement de puissants accords, qui (lorsqu'il y a un nombre suffisant d'instruments à cordes) s'égalisent convenablement l'un et l'autre. Par Ex:

SYMPHONIE en RÉ.

BEETHOVEN.

Voici un autre Exemple où les instruments à vent jouent un passage plus considérable, et qui appartient aux plus beaux et aux plus saillants dans ce genre. On verra ici comment, le compositeur, a employé à cet effet les notes qui sont les plus convenables pour faire ressortir l'harmonie pure et la noble mélodie de la manière la moins contrainte et la moins forcée.

RUINES D'ATHÈNES.

56
8ª
p dot.
f 2874. R.

Une combinaison générale de tous les instruments se rencontre plus souvent dans le *Forte* ou le *Fortissimo* parce qu'elle est employée dans l'intention de produire l'effet le plus complet et le plus puissant. Elle peut avoir lieu de plusieurs manières, savoir:

A.   D'abord à l'unisson.

B.   En accords parfaits soutenus ou joués successivement.

C.   Quand le quatuor exécute une mélodie ou un passage animé, tandis que les instruments à vent soutiennent des accords parfaits.

D.   Dans des traits animés pour les instruments à vent, pendant que le quatuor joue en accords parfaits, ou les soutient par un *Tremolando*.

Lorsque le 1er Violon a un passage qui n'offre pas de grandes difficultés, le plus haut des instruments à vent peut marcher avec lui, soit à l'unisson, soit à l'octave supérieure, les plus graves instruments renforçant l'accompagnement au moyen d'accords soutenus. Mais, quand les phrases de la partie de violon sont trop rapides ou trop difficiles, on donne à tous les instruments à vent les accords soutenus, ou exécutés fréquemment et brièvement. Les Trompettes et Tambours secondent l'effet général partout où l'on peut les introduire pour fortifier l'harmonie, et où l'accord suivant ne forme pas un trop grand contraste. Les Trombones peuvent jouer toutes sortes d'accords qui ne changent pas trop brusquement, dans les trois parties. Dans ce cas, le Trombone basse marche toujours à l'unisson du quatuor ou de la basse du quatuor, quand cette dernière n'a pas trop de rapidité.

En composant une pièce fuguée pour l'orchestre, les parties principales doivent être primitivement assignées au quatuor. Alors, chaque partie peut être doublée si on le desire, par un instrument correspondant à l'unisson et le 1er Violon lui-même aussi bien que les parties intermédiaires, à l'octave. On donne accidentellement aux instruments de cuivre des notes qui s'accordent avec l'harmonie et font sentir davantage l'entrée du motif, particulièrement quand il se trouve à la basse.

Quand le quatuor a des passages d'une grande difficulté à exécuter, les instruments à vent sont beaucoup plus avantageux pour faire ressortir les accords soutenus de l'harmonie sur laquelle ils sont basés. On doit néanmoins éviter de donner à ces derniers trop de notes hétérogènes accessoires; car la clarté de l'ensemble pourrait être par là aisément détruite, si la fugue est bien travaillée pour le quatuor, les doublements sont suffisants pour produire l'effet désiré. En voici quelques exemples:

N.° 1. **SYMPHONIE N.° 9.** HAYDN.

2874. R.

N.º 2.
MOZART.
Allegro vivace.
Flûte.
2 Hautbois.
2 Bassons.
2 Cors en ut.
2 Trompettes en ut.
Timbales en ut. sol.
1.er Violon.
2.e Violon.
Alto.
Violoncelle et Basse.
ff

2874. R.

N.º 3.

Allegro.

CHERUBINI.

2874. R.

Col Hautb.
2874. R.

8a
Col 1º Unis

N.° 4. **SYMPHONIE HÉROÏQUE**. BEETHOVEN.

SYMPHONIE en UT Mineur.

N.º 5.

BEETHOVEN.

Col petite Fl.

N.º 6.   HAYDN.

Allº vivace.
Flûtes.
2.º Hautbois.
2 Clarinettes en si♭.
2 Bassons.
2 Cors en mi♭.
2 Trompettes en mi♭.
Timbales en mi♭. si♭.
1.er Violon.
2.d Violon.
Alto.
Violoncelle et Basse.

2874. R.

N.º 7.
SYMPHONIE.
MOZART.
Allegro molto.
Flûtes.
2 Hautbois.
2 Bassons.
2 Cors en ut.
2 Trompettes en ut.
Timbales en ut.sol.
1.er Violon.
2.d Violon.
Alto.
Violoncelle et Basse.
p
p
p
p
Vlle

72
p C.B.
f
f Tutti.
2874. R.

N°8. **SYMPHONIE HÉROÏQUE.**

BEETHOVEN.

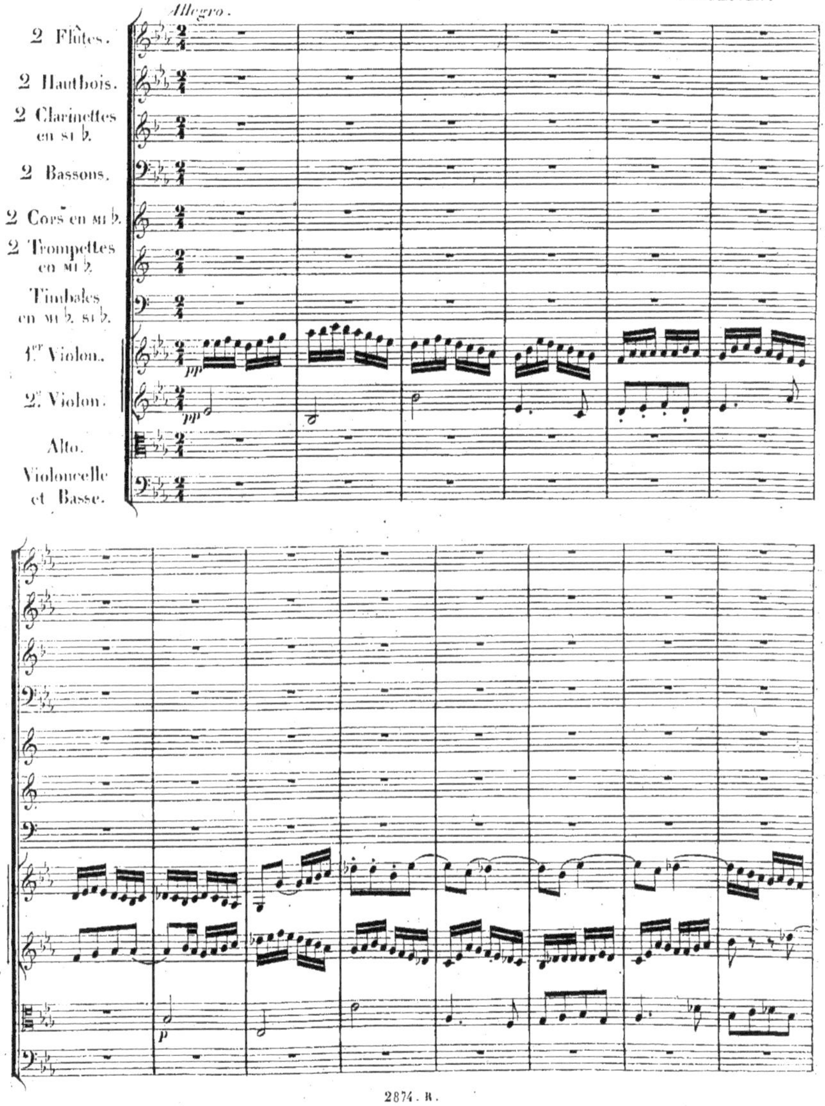

74
cresc.
cresc.
cresc.
cresc.
p
p
p
f
f
f
f
f
f
2
2
f
f
2874. R.

8va
ff
f
2874. B.

Les cinq premiers exemples font voir les différentes sortes de brillants et puissants effets qu'on obtient d'un bon emploi du grand orchestre; l'élève doit bien observer de quelle manière les instruments à vent sont employés, tantôt pour doubler, tantôt pour remplir l'harmonie au moyen d'accords successivement joués ou soutenus.

Les trois derniers exemples sont dans le style de la fugue. Dans le N.º 6 d'Haydn, les instruments à vent marchent à l'unisson avec le quatuor, parce que la rapidité des doubles croches n'est pas trop grande, et que la clarté de l'exécution est aisée à obtenir. Dans l'exemple N.º 7, la fugue est jouée par le quatuor seul, et l'entrée de tout l'orchestre, est sous ce rapport des plus imposante. La même chose a lieu dans le dernier exemple N.º 8, où la rapidité des doubles croches n'admet aucun doublement. Certains instruments à vent, néanmoins, ont à faire accidentellement un contre-thême déterminé, jusque vers le *Tutti*.

CHAPITRE VI.

DE L'INSTRUMENTATION DES CONCERTOS etc.

Lorsqu'on ajoute un accompagnement d'orchestre à un concerto, ou tout autre morceau de Piano (ou même pour un instrument quelconque) on doit prendre en considération ces deux points capitaux: 1° les passages solo ne doivent jamais être obscurcis par un accompagnement trop chargé; 2° l'accompagnement doit toujours servir à faire briller le *Soliste* autant que possible, et soutenir son exécution:

L'orchestre ici ressemble aux parties secondaires d'un tableau qui sont uniquement destinées à mettre en relief et en lumière le principal objet.

Le quatuor, est en général, spécialement propre à l'accompagnement, attendu qu'il peut plus aisément adoucir les *Pianissimo*, et que son timbre diffère suffisamment de la plupart des instruments *Solo*.

En accompagnant le Piano, la plus grande attention est nécessaire. Comme l'instrument peut s'accompagner lui-même, un accompagnement surchargé ne produirait que de la confusion, et les plus brillants passages du pianiste seraient alors perdus. Dans une variation de bravoure, il suffit que le quatuor accompagne par de simples accords joués avec l'archet ou *Pizzicato:* puis on peut y ajouter quelques instruments à vent.

Quand l'instrument solo a une mélodie ornée dans les octaves supérieures, un accompagnement du quatuor calme, soutenu (ou quelquefois *Tremolando*) produit le meilleur effet. Quand on donne des passages rapides au solo, un instrument à vent peut exécuter une simple mélodie, pendant que le quatuor accompagne *Piano*, *Staccato*, ou *Pizzicato*. Lorsqu'une harmonie soutenue est donnée aux instruments à vent, le solo doit avoir soit des traits brillants soit, dans les octaves supérieures, une mélodie clairement marquée. Le mélange des parties d'accompagnement avec celle de solo dans une seule et même octave, doit surtout être évitée.

Un motif clair et fugué peut être donné à l'orchestre, *Mezza voce*, ou *Piano*, pendant que le pianiste exécute de brillants passages.

Le Violoncelle, seul, ou avec la Contre-Basse, est souvent suffisant pour un simple accompagnement. La mélodie du solo n'est en général jamais doublée à l'unisson par aucun instrument, excepté peut-être accidentellement à l'octave supérieure ou inférieure.

Ce serait une faute que d'employer continuellement l'orchestre avec le Piano. L'exécutant doit avoir fréquemment des passages absolument seuls, et alors l'accompagnement rentre avec un effet d'autant plus remarquable. Toutefois d'autres instruments solo, comme le Violon, la Flûte, le Violoncelle, réclament naturellement un accompagnement plus continuel et plus complet.

Voir sur ces règles les exemples suivants :

CONCERTO en MI.

HUMMEL.

8ª
cresc.
8ª
2874 R.

CONCERTO en MI.

SECOND CONCERTO.

RIES.

8ª
2874. R.

84
2874. R.

2874. R.

CONCERTO en MI ♭.

pp
pp
p
pizz.
Ped.
8
Ped.
2874. R.

RONDO en SI ♭.

HUMMEL.

Col Velle
pizz.
pizz.
pizz.
pizz.
pizz.
pizz.
pizz.
pizz.
pizz.
pizz.
dol.
2874. R.

arco.
arco.
arco.
arco.
arco.

pizz.
pizz.
pizz.
pizz.
pizz.
arco.
arco.
8va
cresc.
f
2874. R.

CHAPITRE VII

DE L'INSTRUMENTATION DE LA MUSIQUE VOCALE.

Dans les chapitres précédents, on a mentionné seulement cette sorte d'instrumentation qui dépend du caprice ou de la volonté du compositeur; et dans laquelle on doit observer tout ce qui est saillant, à effet clair et partout approprié aux pensées musicales. Mais lors qu'une ou plusieurs voix doivent être accompagnées indépendamment de ces conditions, les points suivants doivent aussi être pris en considération.

    1°. Le caractère du poëme.

    2°. Le rôle rempli par le chanteur.

    3°. La qualité, l'étendue et la force de la voix.

Chaque instrument à vent possède un timbre, un caractère de son particulier bien distinct et, même entre le violon l'alto et le violoncelle, il existe, à cet égard, une différence bien sensible. Le choix de l'instrument qui doit soutenir et colorer un passage vocal, est donc, sous tous les rapports, un objet digne d'attention.

La Flûte, la Clarinette et le Cor, aussi bien que les notes les plus hautes du Basson, conviennent en général mieux à de tendres et doux sentiments, que le Hautbois, qui a plutôt un caractère vif ou joyeux.

De plus, il s'ensuit naturellement, que pour les petites pièces telles que Cavatines, Romances etc. une partie seule de l'orchestre est employée, et que tous les instruments bruyants sont mis de côté. Ainsi on ajoute au Quatuor des instruments à cordes (qui en général n'est jamais supprimé,) soit:

    1 flûte, 2 clarinettes et 2 bassons;

    ou 1 flûte, 2 hautbois et 2 cors;

    ou 1 clarinette, 1 hautbois, 2 cors et 2 bassons;

    ou 2 flûtes, 2 cors et 1 bassons

selon les sentiments exprimés dans le texte, le caractère, le rang et l'âge de la personne qui chante.

Des parties de voix solo sont rarement doublées à l'unisson par un instrument. Lorsqu'on le juge nécessaire, le 1er Violon ou la Clarinette est employé ordinairement pour les parties de femme. (Dessus, Soprano, Contralto,) Dans le cours d'une pièce vocale, au contraire, le retour du thême peut être doublé soit par le Basson à l'octave inférieure ou par la Flûte à l'octave supérieure, en supposant que la mélodie soit simple et bien adaptée au sujet.

Le Ténor et la voix de Basse peuvent accidentellement être doublés à l'octave supérieure par le Violon ou un instrument à vent.

La Basse solo marche quelquefois à l'unisson avec les basses de l'orchestre. Ceci néanmoins n'arrive que rarement et seulement dans les passages simples: car, même dans les notes les plus graves, la voix de la basse chantante ressort si pleinement quelle peut toujours soutenir la mélodie; c'est pourquoi la Basse du quatuor à cordes est employée constamment et comme base de l'accompagnement.

Voici des exemples d'airs solo, procédant depuis l'accompagnement le plus simple jusqu'aux plus grandes compositions.

N.º 1.
Andante.
L'ENLEVEMENT.
MOZART.
1.er Violon.
2.d Violon.
Alto.
SOPRANO.
V.celle et Basse.

2874. R.

FLÛTE ENCHANTÉE.

N.° 2.

MOZART.

Andante.

96
Col velle
2874. R.

N.º 3.
MOZART.
Andantino. 
2 Flûtes.
1 Basson.
1.er Violon.
2.d Violon.
Alto.
BASSE.
V.elle et Basse.
Non sia te ri _ tro _ si, oc _ chiet _ ti vez _ zo _ si, due
lam _ pia _ mo ro _ si vi _ bra _ te un po _ quà,
Fe _

_li ci ren _ de _ te _ ci, a _ ma _ te con
ne _ i, e moi fe _ li _ cis _ si _ me la _ ve _ mo an _ che voi; guar_
_ da _ te, toc _ ca te, il tut _ to os ser _ va _ te; siam for _ ti, e bon

N.º **4.** **DON JUAN.** MOZART.

li _ ce od _ dio mì fa, in _ fe li _ ce od _ dio, od
Col Vlli
dio mi fa.
Mi tra

N.º 5.

ROSSINI.

Allegro moderato.

2 Flûtes.

2 Clarinettes.
en si♭.

2 Bassons.

2 Cors en mi♭.

TENOR.

1.er Violon.

2.d Violon.

Alto.

Violoncelle
et Basse.

Ah!

co _ me na _ scon_de _ re la fia_ma vo_ra _ ce, se in pet _ to quest'
a _ ni _ ma sma_ri ta ha la pa _ ce; se a _ mor mi fa vit _ ti_ma d'un

cru _ do po _ ter, se a mor mi fa vit _ tì _ ma d'un cru _ do po_
_ ter, se a mor mi fa vit _ ti _ ma d'un cru _ do po _ ter.

104
N° 6.
ROSSINI.
Allegro
2 Flûtes.
ff
2 Hautbois.
ff
2 Clarinettes en ut.
ff
p
2 Bassons.
ff
2 Cors en sol.
ff
2 Trompettes en ut.
ff
1 Trombone.
ff
SOPRANO
1er Violon.
ff
leggiero
2d Violon.
ff
Col Viol 1.
p
Alto.
ff
p
Violoncelle et Basse.
ff
Vcelle
p

8a
cresc.
cresc.
cresc.
cresc.
cresc.
p
p
p
cresc.
cresc.
cresc.
Basse.
cresc.
2874. R.

106
8ª
ff
ff
ff
ff
ff
ff
Di ca_pric_ci, di smor_fiet_te, di _so_
ff
pizz.
ff
pizz.
ff
pizz.
ff
pizz.
2874. R.

spi _ ri, di gra _ ziette, Di si _ len _ zi eloquen _ tis _ simi, Di arti fi _ zj subbli _ mis _ si _ mi Quali An _

p
p
_mi _ da l'in_ven _ tò, o un po_e _ta li _ so _ gnò, io ne ho tanta, io ne tan_ta quanti_
arco.
arco.
arco.
arco.
Basse.
2874 R.

ff
ff
ff   p
ff
ff   p
ff
_tà   Cor_ra_din   si pieghe_ra   al mio piè   si proste_ra   piange_rà   sospire_
ff   pizz.   p   arco.
ff   pizz.   arco.
ff   pizz.   arco.
ff   pizz.   arco.

dol.
dol.
_ra, piange _ rà sospi _ re _ rà, schiavo mio, schiavo mio restar do _ vrà, si schia _ vo
B.

dol.
dol.
dol.
ff
ff
ff
ff
ff
ff
mio res _ tar do _ vrà, si schia _ vo mio res _ tar do _ vrà, restar dovrà,

Col Hautb.
schia — vo mio res_tar do vrà.
ff

Le N.º 1 est entièrement sans instruments à vent, et la mélodie est le plus souvent, accompagnée à l'unisson par le 1.ᵉʳ Violon. Comme les Violons accompagnent très piano, la partie vocale ressort parfaitement claire.

Au N.º 2. outre le quatuor il y a trois instruments à vent différents qui accidentellement, mais avec un grand effet, soutiennent la mélodie par quelques notes combinées simplement.

Au N.º 3. La voix de Basse, est accompagnée par le 1.ᵉʳ Violon dans les octaves supérieures.

Le N.º 4. est concertant avec plusieurs instruments à vent, pendant que le violoncelle joue un accompagnement animé auquel les Contre Basses donnent les notes fondamentales.

N.º 5. C'est une Cavatine de bravoure pour un ténor solo, et dans laquelle le quatuor accompagne simplement. Quelques instruments à vent çà et là de temps à autre s'unissent à la mélodie.

Le N.º 6 est un morceau de chant semblable, où néanmoins coopère le grand orchestre, quoique le simple accompagnement donne au chanteur toute certitude pour déployer son jeu et sa voix.

Les deux derniers exemples sont écrits dans le véritable style Italien, et leurs magnifiques beautés de mélodies ne manquent jamais leur effet avec de belles voix et une bonne exécution.

Dans les Duos, Trios, etc. les mêmes règles sont applicables, mais afin que les parties vocales puissent être facilement distinguées, on ne doit employer les instruments à vent qu'avec la plus stricte économie, en les laissant entrer d'abord dans le cours de l'œuvre d'une manière graduellement renforcée.

Dans les opéras modernes, la Harpe a été très fréquemment et utilement employée avec beaucoup d'effet pour accompagner quelques morceaux de chant d'un genre convenable. On peut s'en servir seule ou en combinaison avec le quatuor ou quelques autres instruments à vent, mais il ne faut pas trop souvent l'employer.

Les deux exemples suivants présentent à cet égard d'excellents modèles et sont en même temps fort bons à étudier comme canons d'opéras, à effets et très harmonieux.

LA GAZZA LADRA.

ROSSINI.

2874. R.

ren-dj, Soc - -cor - so, pie - -tà.
L'i-

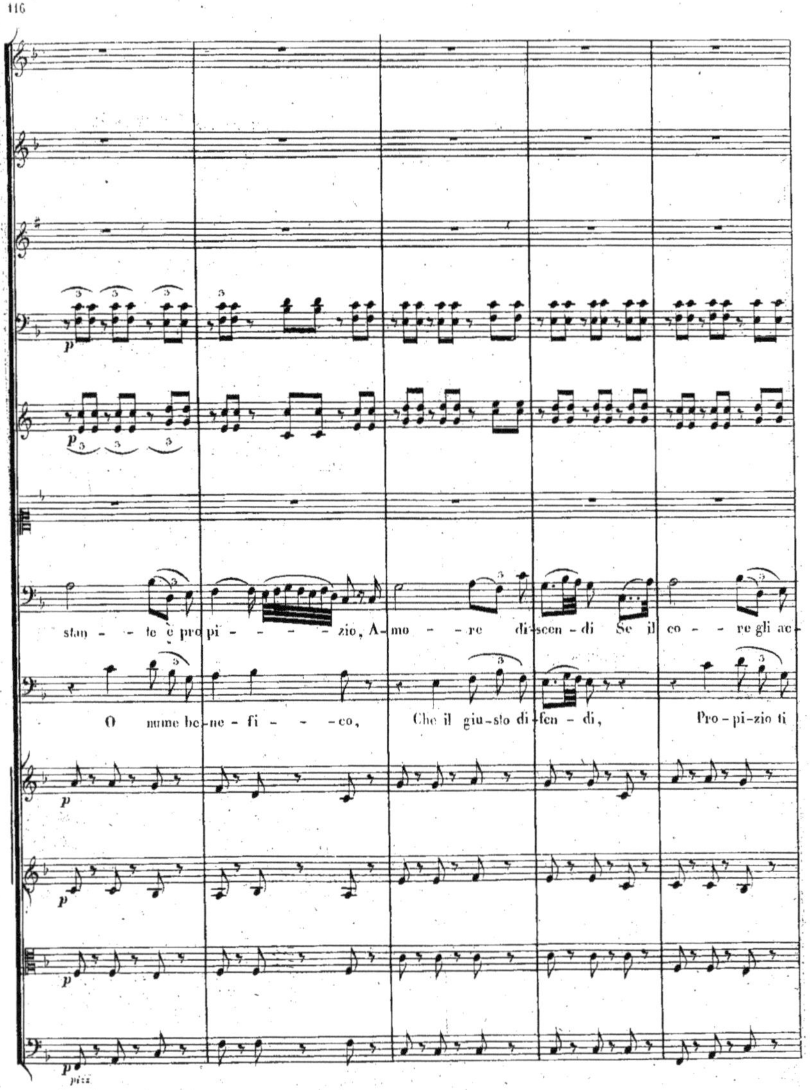
stan - - te e pro pi - - - - zio, A - mo - - re di-scen - di Se il co - - re gli ac-
O nume be-ne-fi - - - co, Che il giu-sto di-fen - di, Pro-pi-zio ti
p
p
p
p
p
p
pizz

_cen _ di, che gio _ ja sa _ rà.
ren _ di, Soc _ cor _ so, pie _ tà.

nu _ me be _ ne fi _ co, Che il giu _ sto di _ fen _ di, Pro _
L'is _ tante è pro _ pi _ _ zio, A _ more di _ scen _ di,
Pro _ pi _ zio ti ren _ _ di,
pizz.
pizz.
pizz.

- pi - zio ti ren - di, Soc - cor - so, pie - tà
Se il cor gli ac - cen - di, Che gio - ja sa -
si, si, Soc -

Soccor - - - - so, pie tà. Soccor -
_rà Che gio - ja sa - rà. Chegio -
_cor - so, pie - tà. Soccor - - - so, pie - tà. Soccor -
f
p
f
p
f
p
arco.
arco.
arco.
arco.
p
pizz.
p
pizz.
p
pizz.
p
pizz.

p
sos, pie _ tà.
_ ja _ _ sa _ rà.
_ so, pie _ tà.
arco.
p
arco.
p
arco.
p
arco.
p
2874. R.

MOSE IN EGETTO.

ROSSINI.

può tol _ le _ rar. Mi man _ ca la vo _ ce, mi
Mi man _ ca la vo _ ce, mi

sen _ to mo _ ri _ re, Si fier mar _ tir, chi può, chi
sen _ to mo _ ri _ re. Si fie _ ro mar _ ti _ re chi

può tol _ le _ rar. Mi man _ ca la vo _ ce, mi
Mi man _ ca la vo _ ce, mi
può tol _ le _ rar. Mi man _ ca la vo _ ce, mi

sen _ to mo _ ri _ re, Si fie _ ro mar _ ti _ re, chi
sen _ to mo _ ri _ re, Si fie _ ro mar _ ti _ re, chi
sen _ to mo _ ri _ re, Si fier mar _ tir chi può, chi_

2874. R.

può tol _ le _ rar. Mi man _ ca la vo _ ce, mi
può tol _ le _ rar. Mi man _ ca la vo _ ce, mi
può tol _ le _ rar. Mi man _ ca la vo _ ce, mi
Mi man _ ca la vo _ ce, mi
Basses.
sen _ to mo ri _ re, Si fie _ ro marti _ re, chi
sen _ to mo _ ri _ re, Si fier ma _ tir, chi può, chi
sen _ to mo ri _ re. Si fie _ ro mar _ ti _ re, chi
sen _ to mo ri _ re, Si fie _ ro mar ti _ re, chi

puo tol le rar.
puo tol le rar.
puo tol le rar.
puo tol le rar.
mi ma ca la
mi ma ca la vo ce,
mi man ca la vo ce,
vo ce,
mi sen to mo ri re,
Si
Si
Si

fie _ ro mar _ ti _ re, chi può tol _ le
mar _ ti _ re, chi può tol _ le
fie _ ro mar _ ti _ re, chi può tol _ le
fie _ ro mar _ ti _ re, chi può tol _ le

_rar. mi man _ ca la
_rar. mi sen _ to mo _ ri _ re,
_rar. mi man _ ca la vo _ ce,
_rar.

vo ce
Si fie _ ro mar _
mar _
Si fie _ ro mar _
Mi sen _ to mo ri _ re, Si fie _ ro mar _

_ ti _ re chi può tol _ le _ rar.
_ ti _ re chi può tol _ le _ rar.
_ ti _ re chi può tol _ le _ rar.
_ ti _ re chi può tol _ le _ rar.
p

2874. R.

Le compositeur, peut relativement à l'instrumentation s'abandonner surtout à son imagina_
tion, lorsqu'une situation particulière de nature surprenante ou frappante se présente sur la
scène. Il doit alors faire usage d'un des nombreux moyens que lui présentent les diverses
combinaisons des instruments, ou de l'emploi subit d'un effet nouveau.

Il y a, dans les ouvrages des grands maîtres, beaucoup de passages qui sont une véritable
émanation du génie, et dans lesquels se produisent fréquemment des effets extraordinaires par
très simples moyens bien appliqués. En voici un de ce genre, tiré de la création d'Haydn.

Le caractère et l'effet de ce passage consistent dans cette circonstance peu importante
en apparence, que Haydn, après les mots, *Que la lumière soit* indique l'accord de domi_
nante, joué non pas *Col arco*, mais *Pizzicato*.

Un emploi non moins heureux du *Pizzicato* se trouve dans le Fidelio de Beethoven,
dans le duo entre Pizarre et Rock, au 1.er acte.

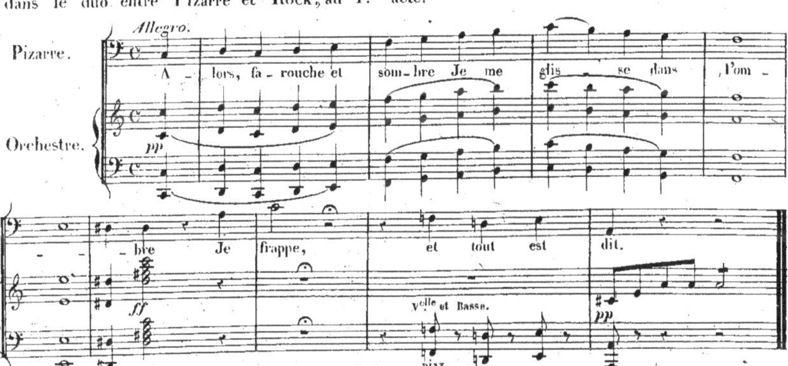

Le *Pizzicato* des Basses, à ces mots: *Et tout est dit* est ici du plus grand effet. Dans
la 9.e Symphonie de Beethoven avant ces paroles *Froh wie seine sonnen fliegen* dans le
chœur final, la Grosse Caisse entre subitement et inattendue, *Pianissimo*, manifestant le mê_
me génie. Il en est de même dans la prière de Moïse de Rossini.

Dans ces cas, la Grosse Caisse devrait posséder un son, creux, sourd, comme le retentisse_
ment lointain du canon. Lorsque, ainsi qu'il arrive fréquemment, elle résonne comme une
planche, l'effet est commun et ridicule.

Nous donnons ici quelques exemples de ces divers effets musicaux imitatifs et ingénieux.

Andante.
2 Flûtes.
2 Hautbois.
2 Clarinettes en si♭.
2 Bassons.
2 Cors en mi♭.
2 Trompettes en ré.
Timbales en RÉ LA.
SOPRANO.
1er Violon.
2d Violon.
Alto.
Violoncelle et Basse.
Sola so_la in bu_jo lo_co, pal_pi_tar il cor mi.

2874. R.

sento, e m'as _ sa _ le un tal spa _ ven _ to, Che mi sem _ bra di mo _ rir. Che mi

p
p
p
p
BASSE.
sem _ _ _ bra di mo _ rir. Più che cerco men ri _ tro _ vo, Questa
f p
f p
f p
f p

por-ta, que-sta por-ta scia-gu - ra - ta,
pia-no, piano
l'ho tro -

va-ta, l'ho tro-va-ta. Ec-co il tem-po' di fug - gir, Ec-co il tem-po di fug-

-gir, ec-co il tem-po, ec-co il tem-po, ec-co il tem-po di fug - gir.

136
En RÉ.
En RÉ.
TENORE.
Tergi il ci - glio, vi - ta mi - a, E da
2874. R.

p
p
cal - - ma al tuo do - lo - re;   l'om - - bra
2874. R.

DON JUAN.

MOZART.

N.º 2.

N.º 3.
Andante. Recitativo. 
2 Flûtes.
2 Hautbois.
2 Clarinette en LA
2 Bassons.
SOPRANO.
1.er Violon.
tempo.   Recit. pp
2.d Violon.
pp
Alto.
pp
Violoncelle.
pp
Basse.
pp
Fl.
Clar.
1.er B.
2.e B.
tempo.   Recit.
tempo.
dol.

tempo.
pp
pp
pp
pp
pp
pp
pp
pp
pp
tempo.
pp
Adagio. PRIERE
p
pp
pp
pp
Lei _ so
con sordino.
con sordino.
pp
Adagio.

SOPRANO.
lei - se, from - me Wei - se, schwing dich auf zum Ster - nen -
- krei - se, Lied er - schal - le fei - ernd wal - le
mein Ge - bet zur Him-mels - hal - - le.
Vcelli con sordino.

142

Dans le 1.er exemple, la modulation en Ré majeur (à la 27.me mesure) convient à la situation théatrale; attendu qu'en ce moment, la scène jusque la sombre est subitement illuminée par l'arrivée de plusieurs personnes munies de torches. L'entrée imprévue des trompettes et des tambours dans le ton de Ré produit un effet aussi surprenant qu'harmonieusement beau.

Dans le 2.me exemple, Mozart a réuni ces instruments à vent aux Basses, ce qui accompagne très convenablement le monotone et terrible chant prononcé par l'ombre du commandeur à cheval.

Le commencement du 3.me exemple montre la manière d'instrumenter un récitatif accompagné. Dans la prière suivante, les violons divisés et avec sourdine, produisent un effet, qui pour rendre le sens pieux des paroles, ne peut être surpassé.

Beaucoup de morceaux d'opéra, admettent très convenablement un accompagnemt. d'instruments à vent seulement. Tels que Pièces de concert, Chœurs. etc.

Quand le chœur chante à l'unisson, l'orchestre doit donner l'harmonie nécessaire aussi pleine que possible, afin que la justesse puisse être conservée entre les deux masses.

Il y a des situations théatrales ou un nombre inusité d'instruments doit être employé; par exemple une troupe de militaires armés sur le théâtre ou derrière la scène — un double chœur — un grand nombre de trompettes etc. et de plus plusieurs Solos chantants et appartenant à l'action.

Dans l'emploi de telles masses, les idées musicales doivent être spécialement convenables, claires, intelligibles, simples et pourtant brillantes; autrement l'emploi de pareils moyens serait regrettable. La composition deviendrait confuse en elle-même ou produirait de la confusion dans l'exécution, si le compositeur rendait le Rhythme, la division des temps, ou les modulations trop difficiles.

Pour l'éclaircissement de tout cela, nous donnons les exemples qui suivent:

DON JUAN.

N.º 1.

MOZART.

Adagio.

2 Flûtes.

2 Hautbois.

2 Clarinettes en si♭.

2 Bassons.

2 Cors en mi♭.

1ᵉʳ SOPRANO.

2ᵐᵉ SOPRANO.

TENOR.

p

Pro - teg - ga il giu - sto   cie - lo,   il   ze - lo del mio

Ven - di-chi il giu - - sto   cie - lo,

Pro - teg - ga il giu - sto   cie - lo,   il   ze - lo del mio

cor!   il mio tra-di - - to a - mor!   Ven-dichi il giu - sto   cie - lo,   il   mio tra-di-to a-

cor!

Pro - teg - ga il giu - - sto   cie - - lo   il

Pro-tegga il   giu - sto   cie - lo,   il   ze - lo del mio

2874. R.

144
ze - - - - - - - lo del mio cor! Pro - teg - ga il giu - sto
-mor, il mio tra - di - to tra-di-to a - mor Ven-dichi il giu-sto
cor, il zelo il ze - lo del mio cor! Protegga il giu-sto
cie - - lo, il ze - - - - - lo del mio
cie - lo, il mio tra - di - to a - mor! il mio, il mio tra-di - to a -
cie - lo, il ze - lo del mio cor; il zelo, il ze - lo del mio
2874. R.

cor!
mor! Ven_di_chi ven_dichi il giu_sto cie _ lo,
cor! Pro teg_ga il giu _ sto cie_lo,
Pro _ teg - ga il giu _ sto cie_lo,
il
il mio tra _ di _ to tra_di_to a_
il
ze _ lo del mio cor!
mor, tra_di _ to a_mor!
ze _ lo del mio cor!.
2874. R.

N.º 2.

WEBER   (FREYSCHUTZ)

spru _ delt der Be _ cher des Le _ bens so reich? beim Klan _ ge der Hör _ ner im
spru _ delt der Be _ cher des Le _ bens so reich? beim Klan _ ge der Hör _ ner im
spru _ delt der Be _ cher des Le _ bens so reich? beim Klan _ ge der Hör _ ner im
Grü _ nen zu lie _ gen, den Hirsch zu ver _ fol _ gen, durch Dic _ kicht und Teich, ist
Grü _ nen zu lie _ gen, den Hirsch zu ver _ fol _ gen, durch Dic _ kicht und Teich, ist
Grü _ nen zu lie _ gen, den Hirsch zu ver _ fol _ gen, durch Dic _ kicht und Teich, ist

fürst - li - che Freu - de, ist männ - lich Ver - lan - gen, er - stär - ket die Glie - der und
fürst - li - che Freu - de, ist männ - lich Ver - lan - gen, er - stär - ket die Glie - der und
fürst - li - che Freu - de, ist männ - lich Ver - lan - gen, er - stär - ket die Glie - der und
wür - zet das Mahl, wenn Wäl - der und Fel - sen uns hal - lend um - fan - gen, tönt
wür - zet das Mahl, wenn Wäl - der und Fel - sen uns hal - lend um - fan - gen, tönt
wür - zet das Mahl, wenn Wäl - der und Fel - sen uns hal - lend um - fan - gen, tönt
2874. R.

dim.
frei _ er und freud' _ ger der vol _ le Po _ kal! Yo _ ho tra la la la la
frei _ er und freud' _ ger der vol _ le Po _ kal! Yo _ ho tra la la la la
dim.
scherzando.
p
p
p
4 Voix solo.
la la la la la la_ la la la la_ la la_ la la la la la la
la la la la la la_ la_ la la_ la la la_ la la_ la la_ la la
la la la la la la la la la la la la la la la la la_ la la la la la_ la_ la_la la_la_ la la
p dol.

cres.
cres.
cres.
cres.
cres.
1ª
2ª
ff
ff
ff
ff
ff
ff
la la la la
la la la
la
la la la la
la la la la
la la la la
la la la la la
la la la la la la
la la la la la la la la la la la la la la la la la la la la la la
la la la la la
la
la la la la la la
la.
la la la la la la
la.
la la la la la la
la.
la la la la la la
la.
la la la la la
la.
2874. R.

CHŒUR RELIGIEUX.

N.º 5.

BELLINI. (NORMA)

2874. R.

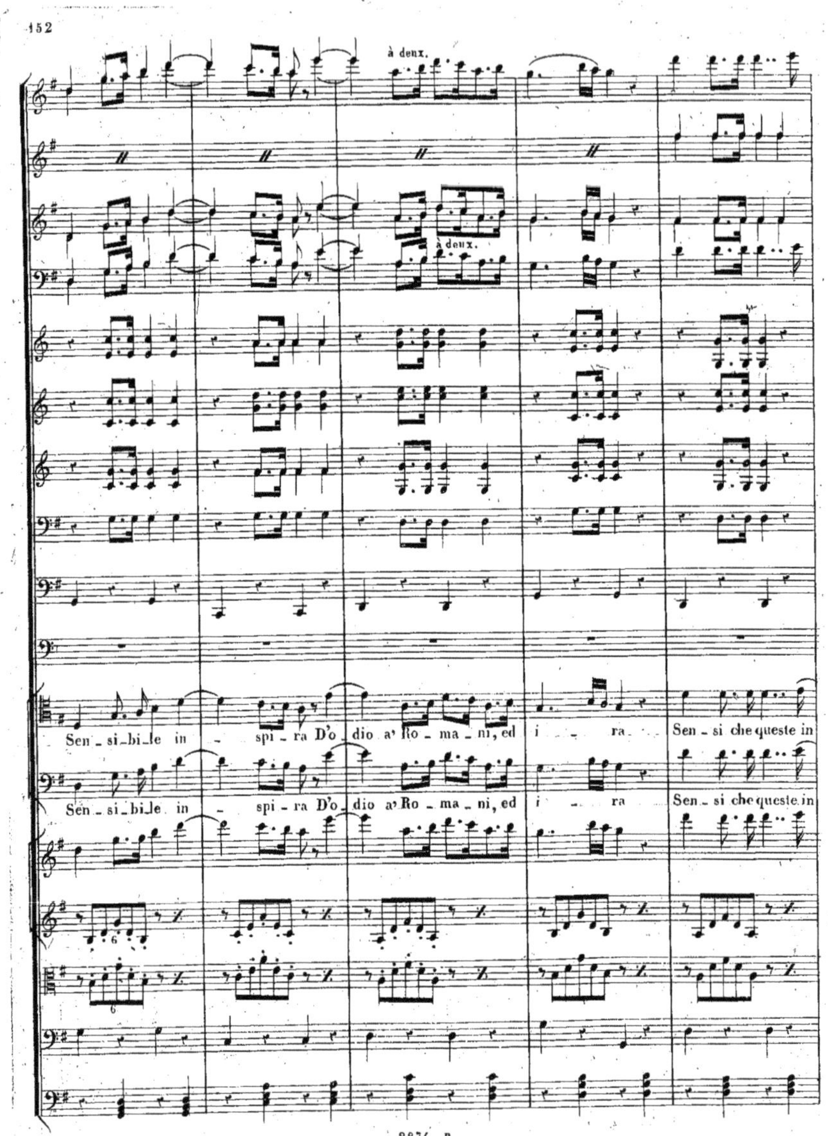
à deux.
à deux.
Sen_si_bi_le in _ spi _ ra D'o dio a' Ro _ ma _ ni, ed i _ ra _ Sen _ si che queste in
Sen _ si_bi_le in _ spi _ ra D'o dio a' Ro _ ma _ ni, ed i _ ra Sen _ si che queste in

fran _ gano
Pa _ ce per noi mor _ tal si
Nel _ la città dei Ce _ sa _ ri Tre
fran _ gano
Pa _ ce per noi mor _ tal si
Nel _ la città dei Ce _ sa _ ri Tre

154
8ª
ff
men_do ec_cheg_ge _ ra
E del suo scudo al suo _ no
Pa_ri al fragor del
cres.
men_do ec_cheg_ge _ ra
E del suo scudo al suo _ no
Pa_ri al fragor del
2874. R.

8ª
tuo _ no Nel _ la città dei Ce _ sa _ ri Tre _ men _ do eccheg-ge _ rà.
tuo _ no Nel _ la città dei Ce _ sa _ ri Tre _ men _ do eccheg-ge _ rà.

CHŒUR MARTIAL, BELLIQUEUX.

ROSSINI. (DONNA DEL LAGO)

Allegro.

2 Trompettes en MI ♭.

1 Trompette en MI ♭.

2 Trompettes en SI ♭.

1 Trompette en LA ♭.

1 Trompette en SOL.

1 Trompette en FA.

4 Cors en MI ♭.

2 Trombones.

2 Petites Flûtes en MI ♭.

3 Clarinettes en SI ♭.

2 Cors en MI ♭.

2 Trompettes en MI ♭

1 Trompette en FA

1 Trompette en LA ♭

1 Serpent et 2 Bassons.

2 Trombones.

1 Ophicléide.

Grosse Caisse et Cimbale.

SOPRANO et TENORS.

BASSES.

1er Violon.

2d Violon.

Alto.

Violoncelle et Basse.

CHŒUR

Su a _ mici, a _ mi ciguer _ rieri, Su a _ mici, mar _ cia _ mo, strug

2874. R.

8ª
8ª
DERIERE LA SCENE
ff
ff
ff
ff
ff
ff
ff
_giamo,   mar_ciamo,   strug_giamo,   Su   a _ mi _ ci   gue_rieri,   mar _

_ cia _ mo, strug_giamo!
mar
Su a_mi_ci gue_ri_e_ri, mar _ cia _ mo,

_cia _ mo struggiamo,
il vo_stro oppres_
strug _ giamo! Su mar _ cia _ mo, strug _ giamo, il no _ stro op _ pres_

sor!

Su a _ mi _ ci guer _ rieri mar _

sor!

cor _ re _ te strug _ ge _ te il

Le N.° 1. est un Trio, avec un accompagnement des instruments à vent les plus doux. Les voix procèdent tantôt dans un style mélodieux, et tantôt en traits mélodiques; l'accompagnement, malgré sa simplicité parfaite, est suffisamment plein, et le tout extrêmement harmonieux, mais il réclame de toutes les parties une exécution très soignée.

N.° 2. C'est le chœur favori des chasseurs, avec l'accompagnement de 4 Cors, 2 Bassons, 1 Trombone, 2 Trompettes et Timbales qui est d'un si bel effet. On remarquera, comment le 4.° Cor en La, est employé pour remplir les parties intermédiaires.

N.° 3. Le grand effet que ce chœur produit toujours, lorsqu'il est bien exécuté, lui donne une valeur assez grande pour que l'on étudie les moyens par lesquels l'auteur a obtenu ce résultat. L'unisson des nombreuses voix d'hommes donne d'autant plus de relief à la mélodie si heureusement conçue, qu'elle appartient à cette espèce de chants qui ont un sens intelligible, même sans aucun accompagnement.

L'accompagnement est écrit en accords, simples, ingénieux, et bien consonnants. On peut encore observer ici que c'est toujours un avantage très grand pour une composition musicale, quand on n'a pas recours à des moyens harmoniques extraordinaires pour exciter l'in_térêt.

L'exemple du N.° 4. consiste dans l'emploi de plusieurs grandes masses de sons. Savoir:

1. Le grand orchestre ordinaire.
2. 8 Trompettes, 4 Cors, et 2 Trombones, sur le théâtre.
3. La musique militaire complète derrière la scène.
4. Le grand chœur de voix d'hommes.
5. Les voix Solos.

La 2.° masse montre combien de Trompettes de différents tons peuvent être combinées pour obtenir une harmonie pleine. La 3.° masse vient en dernier lieu, comme de loin, et renforce l'effet par de brefs accords, sans rien perdre de sa clarté. Les parties de solos se distinguent suffisamment par une mélodie différente, pour qu'ils soient intelligibles. Le chœur des voix d'hommes arrive le dernier avec un simple passage à l'unisson. Ensuite à deux et trois parties. Enfin, l'orchestre ordinaire rehausse encore l'effet au moyen d'accords pleins où se trouvent aussi introduits les instruments à vent, que nous avons été forcés d'omettre dans l'exemple donné, faute d'espace.

La pensée musicale toute entière est si simple qu'elle ne présente aucunes diffi_cultés dans l'exécution.

En écrivant de semblables morceaux, le compositeur doit coller deux ou trois feuilles de papier ensemble l'une au-dessus de l'autre.

Un travail aussi compliqué paraît difficile à composer; mais, en réalité il ne l'est pas. Quand le motif principal est une fois inventé, tous les effets qui y sont ajoutés sont de purs accessoires que l'on écrit très aisément. Cette remarque s'applique à toutes les compositions de plusieurs masses combinées, dont la parti_tion semble d'abord extrêmement compliquée et même inextricable.

L'instrumentation des compositions d'Église, doit, en général, être aussi simple que possible. Là aussi, l'idée principale, dans le Quatuor vocal, doit être claire et bien déterminée, et ainsi, le coloris bien adapté fait que la masse orchestrale n'occasionne aucune difficulté.

Les Fugues sont accompagnées à l'unisson par l'orchestre; ou bien, tandis que la fugue est exécutée par les voix et les instruments à vent, le Quatuor à cordes exécute des passages appropriés au sujet, plus ou moins ornées de fioritures, et dans un mouvement tout à fait contraire. On trouve un exemple du premier genre dans la Fugue *Kyrie eleison* du Requiem de Mozart, et un du dernier genre dans la seconde grande Fugue du même ouvrage, sur les paroles *Quam olim Abrahae*.

CONCLUSION.

L'officier ou le soldat qui veulent parvenir à un grade supérieur, doivent en général passer préalablement par les rangs inférieurs de leur profession, et y acquérir l'expérience et le savoir nécessaires; il en est de même du compositeur avant qu'il ne soit en état de créer des ouvrages de la plus haute portée. C'est pourquoi notre méthode, marche d'une manière naturelle et convenable, depuis les notions les plus simples jusqu'aux œuvres de la plus haute importance. Notre dessein était d'indiquer aux jeunes talents qui se dévouent à la musique et à la composition, le moyen le plus sûr non seulement de ne pas dépenser sans aucun fruit les précieuses facultés dont la nature les a dotés, mais encore de les cultiver et de les employer judicieusement et avec un succès assuré.

Jamais un résultat satisfaisant n'a été obtenu, quand l'élève s'est hazardé trop tôt sur des essais de compositions auxquelles il n'était pas encore préparé et pour lesquels il manquait des connaissances préliminaires indispensables. Au contraire, le chemin que nous traçons, assure un progrès tellement certain, que ceux mêmes dont le talent est lent à se développer, peuvent arriver par là à un degré de savoir très positif en composition.

De grands génies, il est vrai, suivent sans danger leurs impulsions intérieures, et se font à eux-mêmes leurs propres règles. Mais de tels génies sont *très rares*; et le jeune artiste qui est trop pleinement convaincu de sa capacité, doit prendre garde de ne pas trop se flatter lui-même, et craindre que cette fausse opinion qu'il a de son génie ne provienne de son aversion pour des études laborieuses, pénibles, mais nécessaires. Beaucoup de jeunes gens, doués de beaucoup de talent, ont éprouvé bien souvent, mais trop tard, la mortification de reconnaître leur funeste illusion, par le jugement sévère du public; tandis que par des études progressives et soutenues, ils seraient venus prendre un rang honorable parmi les bons compositeurs.

Enfin, les grands, les véritables génies mêmes, ont prouvé, par la plus conscieuse étude, leur respect pour les règles et les formes établies.

Le premier et le plus naturel effort de tout compositeur est, incontestablement, de plaire au public, d'en être connu, compris et de jouir de tous les avantages qui suivent ses faveurs. Le public n'est pas aussi injuste que beaucoup de gens le supposent; car ce qui est bon, beau, et utile obtient partout du succès. Lorsqu'il en est autrement, la faute en reste presque toujours au compositeur. Ainsi donc, se plaindre de l'envie, de l'animosité, des préjugés, de l'ignorance, etc. du public, ce sont en général, des récriminations aussi ridicules que peu fondées.

Une composition harmonieuse, agréable et mélodieuse, obtient presque toujours et immédiatement un bon accueil. Mais il faut naturellement à une œuvre artistique, profonde, dans un genre neuf et original, beaucoup plus de temps pour réussir. Néanmoins, lorsque toutes ces qualités se trouvent réunies, on peut s'attendre à la fois à un prompt et durable succès.

Pour atteindre ce noble but, le compositeur doit être libre de tout préjugé, n'être asservi à aucun système particulier, et savoir soumettre son génie et son talent, quelque grands qu'ils puissent être, à la raison et à l'expérience.

www.ingramcontent.com/pod-product-compliance
Ingram Content Group UK Ltd.
Pitfield, Milton Keynes, MK11 3LW, UK
UKHW022347090726
13658UKWH00002B/523

9 782019 995492